Johnson's®

Tu hijo, de 6 a 12 meses

GRUPO
EDITORIAL
norma

Barcelona, Bogotá, Buenos Aires, Caracas, Guatemala,
Lima, México, Miami, Panamá, Quito, San José,
San Juan, Santiago de Chile, Santo Domingo

Johnson's
    Tu hijo : de 6 a 12 meses / Johnson's ; traducción Esperanza
Meléndez. -- Editor Dorling Kindersley. -- Bogotá : Editorial
Norma, 2002.
    64 p. : il. ; 23 cm. -- (El desarrollo del niño)
    Título original : Your baby from 6 to 12 months.
    ISBN 958-04-6626-2
    1. Niños - Cuidado e higiene 2. Crianza de niños 3. Desarrollo
infantil 4. Padres e hijos 5. Estimulación temprana I. Kindersley,
Dorling, ed. II. Meléndez, Esperanza, tr. III. Tít. IV. Serie
649.1 cd 20 ed.
AHJ6141

            CEP-Banco de la República-Biblioteca Luis-Angel Arango

Londres, Nueva York, Munich, Melbourne, Delhi

Texto de
Tracey Godridge

Editor del proyecto Susannah Steel
Editores de arte del proyecto Claire Legemah, Glenda Fisher
Editor en jefe Julia North
Jefe de arte Tracey Ward
Control del producción Louise Daly
Fotógrafo Ruth Jenkinson
Director de arte Sally Smallwood

Primera edición publicada en Gran Bretaña en el año 2002
por Dorling Kindersley, Ltd.
80 Strand, London, WC2R 0RL

Traducción Esperanza Meléndez

www.norma.com

ISBN 958-04-6626-2

Tabla de contenido

Prólogo 4

1
LOS SEGUNDOS SEIS MESES

El desarrollo de tu bebé 6

Desarrollo social 8

La personalidad de tu bebé 10

Estimulación de la individualidad 12

Control del desarrollo de 6 a 9 meses 14

Registros del desarrollo 16

La dentición 18

Alimentación sana 20

Aprendiendo a comer 22

El sueño 24

La hora de acostarse 26

Comunicación 28

Aprendiendo a hablar 30

Seguridad 32

Masajes 34

2
CÓMO APRENDEN LOS BEBÉS

Cómo desarrollan los bebés sus habilidades 38

De 6 a 7 meses 40

De 7 a 8 meses 44

De 8 a 9 meses 48

De 9 a 10 meses 52

De 10 a 11 meses 56

De 11 a 12 meses 60

Índice 64

Un mensaje de
Johnson & Johnson
a los padres

Durante más de 100 años Johnson & Johnson se ha dedicado al cuidado de los niños. Nuestros productos para bebés ayudan a madres y padres a calmar y reconfortar a sus hijos y a fomentar un profundo vínculo de amor con ellos a través del cuidado diario.

Movidos por nuestro compromiso con los niños y las familias, Johnson & Johnson fundó el Instituto Pediátrico Johnson & Johnson, LLC. Esta organización única promueve el aprendizaje continuo y la investigación en pediatría, desarrollo del niño y embarazo, y fomenta programas e iniciativas dirigidos a los profesionales, los padres y los encargados del cuidado de los niños, quienes forjan el futuro de su salud en el mundo entero.

A través de la ciencia seguimos aprendiendo más sobre nuestros niños y su desarrollo físico, cognitivo y emocional. Los padres y quienes cuidan a los niños buscan consejo acerca de cómo utilizar estos conocimientos en la vida cotidiana para complementar sus instintos básicos de amar, abrazar y hablarles a sus bebés.

No existe una fórmula universal sobre cómo ser buenos padres. Con esta serie de Johnson & Johnson, *El desarrollo del niño*, esperamos, sin embargo, ofrecer a las familias de hoy los conocimientos, la orientación y la comprensión que han de ayudarles a sacar adelante el milagro que encierra cada niño.

Los segundos seis meses

Tu bebé ya tiene seis meses y está rebosante de vida. En los próximos meses te sorprenderá con sus logros y te cautivará con su profundo amor, a medida que va desarrollando su personalidad característica y única.

El desarrollo de tu bebé

Durante los primeros seis meses de la vida de tu hija, tú eras el centro de su mundo: ella dependía de ti para todas sus necesidades físicas y emocionales. Sin embargo, durante sus segundos seis meses comenzará a desarrollar nuevas habilidades que le ayudarán a ampliar su horizonte y expresar su voluntad.

El mundo es más amplio

Al ir alcanzando las diferentes etapas del desarrollo – descubrir cómo sentarse, gatear y comunicarse –, tu hija comenzará a establecer una relación con un mundo más amplio. Podrá ver su juguete favorito y desplazarse hacia él para tomarlo. Su hermano mayor le hará una mueca para hacerla reír y ella podrá responderle con otra mueca. Si conoce a otro bebé, podrá mostrar interés por él tendiéndole la mano.

Desarrollo de la autonomía

Es emocionante para ti observar cómo tu hija desarrolla nuevas habilidades y adquiere autonomía. El hecho de que pronto pueda sentarse sola, gatear por el piso, divertirse con un nuevo juguete y comer sin ayuda en su silla te dará cierta libertad: por fin podrás tomarte un descanso de vez en cuando. Un paseo diario en el cochecito es otro paso más para empezar a mostrarle ese mundo más amplio, y para ambas representa una oportunidad de respirar aire fresco.

Nuevas relaciones

En esta etapa tu hija entrará más en contacto con las demás personas, en especial con los miembros más cercanos de la familia. Sociables por instinto, los bebés de seis meses y más pueden empezar a crear un vínculo estrecho con personas diferentes de sus padres, como sus abuelos y las personas que los cuidan. Ésta es una buena época para ayudar a tu bebé a establecer relaciones propias con quienes serán importantes en su vida, sobre todo sabiendo que, dentro de unos pocos meses (ver págs. 8-9), la "ansiedad ante los extraños" puede dificultarle la tarea de hacer nuevos amigos.

Parte de la familia

Durante estos próximos seis meses a tu hija también le agradará mucho estar con sus hermanos o mirar cómo juegan a su alrededor otros niños más grandes que ella. A medida que empiece a desplazarse sola y sea capaz de hacer más cosas, podrá compartir muchas actividades, como cantar, aplaudir o perseguir a alguien (¡gateando!) por toda la sala. Los niños mayores también pueden ser sus maestros: a ella le encantará imitarlos.

Haciendo amigos

Los bebés de tus amigos pueden ofrecerle beneficios similares. En los próximos seis meses, tu hija y ellos se relacionarán haciéndose gorgoritos, tocándose e imitándose.

Acerca de este libro

Durante estos seis emocionantes meses de cambio, tu apoyo, tu estímulo y tu amor son más importantes que cualquier otra cosa para ayudarle a tu bebé a florecer. Si entiendes cómo es su desarrollo, podrás sintonizarte con sus necesidades y ofrecerle lo que requiere.

Sección 1

La primera mitad de este libro te muestra cómo incide el desarrollo del niño en sus necesidades físicas y emocionales. Por ejemplo, ¿por qué tu bebé de ocho meses se despierta ahora por las noches si antes no lo hacía? ¿Qué tan importante es que a cierta edad le cambies los purés por alimentos menos blandos? Ahora que sabe gatear, ¿qué debes hacer para protegerla?

Sabiendo lo que puedes esperar de tu niña, irás un paso adelante y podrás comprenderla para darle la mejor y más adecuada respuesta posible. Al satisfacer sus necesidades no sólo le ayudarás a sentirse amada y valorada, sino que también aumentará tu confianza en ti como madre o como padre.

Sección 2

La segunda mitad de este libro presenta una descripción de las diferentes etapas del desarrollo en este período de la vida de tu bebé, e indica el momento en que podría alcanzar cada una de ellas.

Aunque la información está organizada por meses, es importante recordar que la escala de tiempo es flexible. Los bebés se desarrollan a ritmos diferentes y, tu hija progresará a la velocidad que sea adecuada para ella.

Es necesario que haya alcanzado cierto nivel de crecimiento y desarrollo antes de que pueda adquirir una nueva habilidad. Por ejemplo, no pretendas que tu nena se ponga de pie antes de que sea lo suficientemente fuerte como para sostener su peso sobre sus rodillas y caderas.

Cuando veas que intenta hacer algo nuevo, puedes estimularla de muchas formas. En esta sección encontrarás ideas de juegos y actividades que pueden realizar juntas. Al darle la estimulación adecuada le ayudarás a construir su autoestima y confianza en sí misma, y así, a comenzar la vida de la mejor manera posible.

Desarrollo social

Verás que a partir de los seis meses de edad tu hijo se vuelve más sociable y recompensa a todo el mundo con grandes sonrisas y gorgoritos. Si tiene la oportunidad de ver muchas caras amistosas, se sentirá tranquilo en compañía de otras personas y estará bien preparado para la inevitable llegada de la ansiedad por la separación y ante los extraños.

Ansiedad por la separación y ante los extraños

Más o menos a partir de los siete meses, y probable-mente durante algún tiempo, tu amistoso bebé se apegará más a ti y será más cauteloso con las personas a las que no conoce bien. Se mostrará reacio a quedarse con alguien distinto de ti y es probable que incluso se sienta incómodo en lugares nuevos. En distintos grados, todos los bebés atraviesan esta etapa de ansiedad por la separación y ante los extraños, que constituye una fase importante en el desarrollo emocional e indica que están creciendo. Por primera vez tu hijo nota la diferencia entre las situaciones familiares y extrañas. También está comenzando a darse cuenta de que tú y él son personas diferentes.

El cuidado del bebé

Dejar a tu hijo al cuidado de una niñera u otra persona nueva puede resultar especialmente difícil en estos días en que el niño está experimentando la ansiedad por la separación y ante los extraños. Pero con la persona adecuada, aceptará poco a poco la situación e incluso sentirá el beneficio de contar con otra relación cálida y amorosa. Una buena niñera o enfermera para tu bebé, a esta edad, debe reunir estas cualidades:

★ Ir al ritmo de tu bebé con gusto. Si ella pretende imponerse, tu niño podría angustiarse fácilmente.

★ Ser comprensiva y paciente. Si tu hijo llora cuando te vas, debes estar segura de que la persona que lo cuida no lo tomará como un problema personal de incompetencia.

★ Ser divertida e imaginativa. Si sabe distraer a tu bebé de modo que tú puedas irte en paz, será de gran ayuda tanto para ti como para él.

★ Ser muy cariñosa con tu bebé. Tu hijo todavía necesita mucho afecto físico y atención para sentirse feliz y seguro. Asegúrate de que tu bebé se sienta en verdad especial. Si se sabe seguro y amado, reafirmará la confianza en sí mismo y estará tranquilo cuando te vayas.

Cómo ayudarle

Cuando tu hijo te abraza, tú te derrites. Pero cuando se niega a que lo sueltes y llora como si se le fuera a quebrar el corazón si sales de la habitación, tal vez la intensidad de sus sentimientos te abrume. No olvides que ésta es una etapa y que pasará.

● **Hazlo por etapas.** Poco a poco tu hijo entenderá que tú siempre regresas cuando dices que lo harás. Si tienes que ir a otra habitación, dile a dónde vas y que volverás muy pronto. Si mientras tanto llora, háblale para que sepa que ya estás de regreso. Permítele siempre que vaya gateando a otras habitaciones; así sentirá confianza para explorar los lugares por sí mismo. Sin embargo, síguelo siempre de cerca para asegurarte de que no le ocurra algo malo.

● **Personas nuevas.** No lo obligues a ser amigable. Déjalo hacer contacto visual a su ritmo. Incluso algunos miembros de la familia a quienes tu bebé no ha visto en los últimos días podrían perturbarlo sin proponérselo.

TENERTE SIEMPRE A LA VISTA
El deseo de tu niña de estar cerca tuyo es un signo positivo. Indica que ha desarrollado un fuerte vínculo contigo como madre o como padre. Cuanto más segura se sienta, con mayor rapidez y facilidad superará esta etapa.

● **Avísale con anticipación.** Cuando sepas que tienes que salir, cuéntaselo siempre antes (pero nunca con más de 10 ó 15 minutos de anticipación ¡porque lo olvidará!). Así él podrá saber a qué atenerse, en lugar de preocuparse de que lo hayas dejado.

● **Permite que se familiarice con la persona que lo cuida.** Si has encargado el cuidado de tu hijo a una niñera u otra persona, dale tiempo para conocerla. Quédate en la habitación mientras se familiariza con su cara y comienza a relacionarse con ella.

● **Actúa con calma.** Cuando llegue el momento de irte, dale a tu hijo un beso y un abrazo de despedida y, simplemente, vete. Si te muestras tranquila y feliz, tu bebé se sentirá tranquilo. Si llora, dile que tú sabes que le harás falta, que él también te hará falta a ti, pero que volverás pronto. Despedirte con la mano desde la ventana puede ser una buena manera de distraerlo.

● **Trata de no preocuparte.** A pesar de que tu hijo esté llorando a mares cuando te despidas de él, lo más probable es que a los pocos minutos de haberte ido ya esté jugando tranquilo con quien lo cuida. En lugar de preocuparte y sentirte culpable, cuando estés fuera llama por teléfono para asegurarte de que esté bien.

La personalidad de tu bebé

Tu hija es un individuo único, con huellas digitales propias y una personalidad particular que desarrollará en los meses y años por venir. ¿Cómo sucede esto? Si bien algunos rasgos pueden ser heredados, su desarrollo dependerá en gran parte de sus experiencias cotidianas y de su relación contigo y con otras personas cercanas.

Rasgos de carácter

Si vas a un centro pediátrico podrás ver toda una gama de personalidades entre los bebés, desde los más alegres y dóciles hasta los quejumbrosos e irritables. A algunos les gusta que los abracen, otros sólo querrán que los toquen cuando les apetezca. Algunos son amistosos y osados, otros son reservados y cautelosos. Y, por supuesto, muchos son una mezcla de algunas o todas estas características.

Comprende sus necesidades

Los rasgos de carácter de tu hija se harán más obvios a medida que crece. Verlos aparecer no sólo es muy emocionante, sino que también es muy útil para que puedas sintonizarte con sus necesidades y ayudarle a fomentar los aspectos positivos de su personalidad y a moderar los negativos. Por ejemplo:

• Si es una niña tranquila y dócil, será una delicia cuidarla, pero también necesitará atención y estímulo, así no siempre los exija.

• Si es tímida y reservada, necesitará tiempo para adaptarse a nuevas situaciones y personas. Tendrás que darle apoyo para que pueda sobreponerse a experiencias que podrían confundirla.

• Si es intranquila y absorbente, tendrás que conservar la calma, ser muy firme y paciente y acostumbrarla a seguir una rutina.

A esta edad los bebés suelen requerir más atención que nunca. Es importante recordar que tu nena no siempre pedirá tanto y que su carácter aún está en formación. A partir de los seis meses, la mayoría de los bebés empiezan a calmarse y a responder mejor a los estímulos. La clave está en dedicarse con paciencia a conseguir que den lo mejor de sí.

Personalidad en formación

Aunque tu hija tal vez muestre rasgos de carácter definidos desde muy temprano, su personalidad aún está en formación. Y así como su carácter condiciona tu respuesta hacia ella, tus reacciones también tendrán algún impacto sobre su personalidad.

- **Muéstrale cuánto la amas.** Si le proporcionas muchas sonrisas, besos y abrazos, le ayudarás a sentirse valorada, como un individuo único e independiente.
- **Alaba todos sus logros.** Bien sea que te salude con la mano o que golpee dos bloques uno contra otro, su confianza en sí misma aumentará si la aplaudes y estimulas.
- **Entiende sus necesidades.** Si sabes cuándo está asustada, emocionada o aburrida, y reaccionas de acuerdo con su estado de ánimo, le ayudarás a sentirse importante y amada.
- **Permítele descubrir las cosas por sí misma.** Si la dejas hacer un esfuerzo por alcanzar un juguete, por ejemplo, le estarás ayudando a desarrollar el sentido de la independencia y, al mismo tiempo, a controlar mejor los movimientos.

Puesta en práctica

En pocos meses, a medida que vas conociendo la personalidad de tu hija y empiezas a estimular sus características positivas, comenzarás a ver cómo ella pone en acción ese nuevo sentido de la autonomía y expresa alegremente su voluntad. Ya sea negándose a cooperar cuando la estás vistiendo, insistiendo en jugar al escondite por enésima vez o golpeando furiosa la cuchara porque quiere la comida ya mismo, no te quedará la menor duda de qué le gusta y qué no. Todas estas características – lo que la hace reír y llorar, sus alimentos favoritos, los juegos que más le gustan – ayudan a definir su personalidad singular.

Estereotipos sexuales

Aunque tal vez no seas consciente de ello, es probable que la forma como cuidas a tu bebé y tus reacciones con ella estén influidas por su sexo.

Las investigaciones han demostrado que los padres de niñas tienden a:

★ Hablarles dulcemente, sonreír mucho y alzarlas con cuidado.

★ Evitar los juegos corporales, como hacerlas volar por los aires.

★ Hacer de la hora del baño un momento más tranquilo que con los niños.

★ Estimularlas para que usen juguetes suaves y blandos.

★ Permitirles llorar y mimarlas mucho si se hacen daño.

★ Hablarles con voz fuerte y alzarlos con firmeza.

★ Darles mucha estimulación física, por ejemplo meciéndolos fuertemente.

★ Permitirles patalear y salpicar agua en el baño.

★ Admirar su fortaleza física y su sentido de la aventura.

★ Darles juguetes duros y resistentes.

★ Desmotivar el llanto y los mimos cuando se hacen daño.

Si bien los niños y las niñas son distintos por naturaleza – las niñas tienden a ser más sociables y menos aventureras, y los niños suelen ser más rudos y curiosos, por ejemplo –, la reacción de los adultos ante ellos también tiende a reforzar estas diferencias. Si tú moderas tu comportamiento – por ejemplo, si estimulas la delicadeza de tu niño o el sentido de independencia de tu niña –, contribuirás a eliminar estereotipos sexuales y a hacer que emerja la individualidad de tu bebé.

Estimulación de la individualidad

La manera como eduques a tu hijo influirá mucho sobre su personalidad. Así tu bebé herede de tu familia algunos genes y rasgos de carácter, siempre desarrollará características propias. Pero, ¿cómo hacer para que tus bebés gemelos, o trillizos, desarrollen su identidad, si comparten la misma composición genética, la misma familia y las mismas experiencias?

Es cuestión de genes

Cada bebé hereda la mitad de los genes de la madre (a través del óvulo) y la otra mitad del padre (a través del espermatozoide). Como cada espermatozoide y cada óvulo contienen una combinación diferente de genes, cada niño tiene una apariencia y personalidad propias y únicas.

Es fácil ver de dónde provienen algunas características físicas – esos ojos negros que son sin duda los tuyos, y ese pelo castaño como el de su padre –, pero ¿qué decir de la personalidad de tu hijo? ¿Cómo puedes saber qué partes son heredadas y qué partes se han desarrollado desde que él nació? Sólo puedes hacer conjeturas. Es divertido tratar de identificar similitudes con la familia – quizás heredó la calma tuya y el sentido del humor de su padre –, pero es imposible saber con precisión si son rasgos heredados, puesto que tu bebé también recibe la influencia del entorno y de las experiencias que vive.

Los gemelos

Estimular la individualidad es especialmente importante en el caso de los gemelos o trillizos, y aún más si se trata de gemelos idénticos.

Los gemelos idénticos se desarrollan a partir del mismo óvulo y siempre son del mismo sexo. Como se parecen tanto físicamente, es fácil creer que también pensarán igual y que su aspecto emocional será semejante. Tratar a los gemelos como una unidad, no como a dos individuos, puede retardar su crecimiento físico y emocional, así como su desarrollo intelectual y del lenguaje. Es de vital importancia que los consideres y los trates como a dos niños diferentes. Esto les ayudará a desarrollar la personalidad y les dará una base emocional firme.

Cómo influir en los genes

La forma como tú reaccionas al temperamento y comportamiento de tu hijo tiene una gran influencia sobre el desarrollo de su personalidad. Los genes pueden indicar que será sociable o tímido, calmado o inquieto, pero tu relación con él y las experiencias que vive cada día pueden cambiar esta tendencia. Si te muestras calmada con un bebé muy inquieto, es probable él se vaya calmando poco a poco. Si apoyas y tranquilizas a un bebé tímido por naturaleza, es probable que con el tiempo se vuelva más sociable.

Ver a los gemelos como individuos

Hay muchas formas prácticas de estimular la individualidad de tus gemelos. Por ejemplo:

- Escoger nombres que suenen muy diferentes.
- No referirse a ellos como "los gemelos", sino como "las niñas" o "los niños"; asegurarse de que la familia y los amigos hagan lo mismo.
- Asegurarse de que tú y todo el mundo los reconozca; tal vez quieras pintar a cada uno una uña de un color diferente, peinarlos de distinto modo o ponerles calcetines de color distinto para que no los confundan.
- No vestirlos con ropa igual.
- Permitir que cada gemelo tenga sus libros, juguetes y otros objetos personales, aun si esto significa duplicar algunos; puedes marcarlos con las iniciales de cada niño o con etiquetas que lleven sus nombres.

Estimular la conciencia de sí mismo

También hay muchas formas de estimular la conciencia de sí mismo de cada uno de tus gemelos:

- **Dedícale tiempo a cada uno por separado.** Esto puede resultar difícil, sobre todo si tienes otro u otros hijos. Pero si pasas con regularidad un tiempo con cada uno de ellos, será su oportunidad de sentirse amados y valorados como individuos, no como una unidad.
- **Busca lo que es único en cada gemelo.** Aprende a apreciar lo que es especial en cada niño, así sólo se trate de que uno de ellos se ríe más cuando le haces cosquillas y de que al otro le encanta galopar sobre tus rodillas.
- **Trata de no compararlos.** Las generalizaciones que tienden a comparar a los hermanos gemelos a veces pueden convertirse en "etiquetas" permanentes. A medida que los niños crecen, estas etiquetas pueden llegar a afectar negativamente su autoestima y a crear una competencia malsana entre ellos. Siempre debes encontar algo positivo que decir sobre cada bebé.
- **Haz que compartan con otros bebés.** Hazlo desde muy temprano, para que se sientan felices siendo parte

IDENTIDADES INDIVIDUALES
Tal vez a los gemelos no les guste estar el uno sin el otro, pero, a medida que crecen, es importante que también se sientan felices estando separados, con el fin de garantizar su seguridad y estabilidad.

de grupos sociales. Con sus similitudes y cercanía física, los gemelos a veces desarrollan un vínculo especial que puede hacerlos preferir su compañía mutua a la de otras personas.

Control del desarrollo de 6 a 9 meses

Durante el primer año de la vida de tu hija, el pediatra realizará por lo menos cuatro controles médicos, incluyendo un control del desarrollo entre los seis y los nueve meses. Estos controles te permiten asegurarte de que se esté desarrollando bien y te dan la oportunidad de consultar las dudas que tengas.

El pediatra revisará la historia médica de tu hija y registrará en ella todos los datos sobre su desarrollo.

Si tu hija no se ha sentido bien recientemente, o si nació prematura, asegúrate de indicárselo al médico. Una enfermedad puede afectar su comportamiento durante el control y, en el caso de los bebés prematuros, este factor debe tenerse en cuenta; es posible que incida en el ritmo de su desarrollo.

Examen físico

Seguramente tu nena ha cambiado mucho desde el último control. Tal vez ya balbucea, logra sentarse sola y es consciente del mundo que la rodea. Por esta razón, el registro de su desarrollo será más extenso que en el control anterior.

• **¿Está creciendo normalmente?** La estatura, el peso y el perímetro craneal de tu bebé se compararán con los datos registrados en el control anterior para asegurar que su ritmo de crecimiento sea normal.

• **¿Se están cerrando las fontanelas?** Estos espacios blandos en la parte frontal de la cabeza deben empezar a cerrarse a los seis meses de edad y hacia los nueve meses deben haberse cerrado por completo.

• **¿Están bien sus caderas y sus piernas?** Aunque en el examen de las seis a ocho semanas se le revisaron las caderas y las piernas a tu hija, la dislocación de la cadera puede presentarse también en bebés mayores.

• **¿Está bien su visión?** En cuanto a la visión, son varios los parámetros que deben evaluarse, entre otros: que la niña pueda fijar la mirada claramente en un objeto que esté a tres metros de distancia, y que a esta misma distancia pueda seguir un objeto en movimiento.

• **¿Puede escuchar bien?** El médico agitará una sonaja o susurrará detrás de tu bebé con el fin de verificar que oiga el ruido y se vuelva para constatar su procedencia. No todos los bebés responden a la primera vez, en especial si están absortos en otra cosa, si tienen sueño o si sienten frío. Si esto sucede durante el control de tu niña, te pedirán que regreses otro día para repetir el examen y asegurarse de que su audición es correcta.

Controles del desarrollo

Por lo general, el desarrollo de un bebé de esta edad se verifica simplemente observando cómo actúa y se relaciona con su madre, a quien se le hacen preguntas

ojo-mano y las destrezas para manipular objetos deben estar lo suficientemente desarrolladas a los nueve meses como para que tu bebé pueda tomar con la mano pequeños trozos de alimentos y llevárselos a la boca.

- **¿Puede alcanzar y sostener objetos?**
- **¿Puede pasar fácilmente un objeto de una mano a la otra?**
- **¿Busca con la mirada juguetes que se le han caído o que están escondidos?**
- **¿Le gustan los juegos con otras personas, como el del escondite?**
- **¿Se está comunicando contigo?** Te preguntarán si tu bebé ya balbucea (sonidos como "ba-ba", "da-da", etc.) y observarán si muestra interés en escucharte cuando hablas y cómo hace para llamar tu atención.

sobre su comportamiento en casa. Éstas son algunas de las preguntas que suele hacer el médico:

- **¿Puede sentarse sola?** Hacia los nueve meses, el equilibrio de tu nenita debe ser lo suficientemente bueno como para que pueda sentarse sola, sin apoyo.
- **¿Ya está intentando gatear?** No te preocupes si tu bebé aún no gatea, siempre y cuando esté intentando desplazarse; por ejemplo, si está rodando de lado para alcanzar un juguete.
- **¿Puede sostener su peso?** Hacia los nueve meses de edad, tu niña ya debe ser lo suficientemente fuerte como para poder sostenerse sobre los pies si tú la tomas de las manos y le ayudas a conservar el equilibrio.
- **¿Puede comer con las manos?** La coordinación

¿Qué preguntar?

Los controles del desarrollo son una excelente oportunidad para que consultes cualquier duda que tengas sobre la salud de tu bebé, sobre su desarrollo o sobre la crianza en general. Es buena idea llevar las preguntas escritas en un papel. Por ejemplo:

★ ¿Cómo destetar a tu bebé, del seno o del biberón, y hacer que empiece a tomar de un vaso?

★ ¿Cómo hacer para que no vuelva a comer durante la noche?

★ ¿Cómo lograr que duerma toda la noche, sin interrupciones?

Además, el médico te dará información útil sobre aspectos generales relacionados con la salud y la seguridad: cómo garantizar que el régimen alimenticio de tu bebé sea saludable, cómo protegerla de las quemaduras de sol, cómo viajar con ella en el automóvil sin correr riesgos.

Registros del desarrollo

Desde el momento en que tu hijo nace hasta cuando empieza a ir al colegio se harán controles periódicos de todos los aspectos de su desarrollo. Estos registros te permiten asegurarte de que esté progresando de manera adecuada. Tú y su pediatra podrán registrar en esta historia médica todo lo relacionado con su salud y su desarrollo.

Tablas de crecimiento

En cada control, incluso en el de los seis a nueve meses (ver págs. 14-15), el médico anotará el peso, la estatura y el perímetro craneal de tu hijo, y registrará los resultados en una tabla de percentiles.

Estas gráficas, basadas en estadísticas, muestran el ritmo de crecimiento del bebé. Hay tablas diferentes para niños y niñas, y en cada tabla la línea media marca lo que se llama el percentil 50. Esto significa que si tomas a 100 bebés como referencia, 50 serán más pesados y más altos que la línea del 50 (por encima de ella) y 50 serán más livianos y más bajos (por debajo de ella).

Registro de los datos

El peso de tu hijo se marcará en una tabla de percentiles y la estatura en otra; para hacerlo, basta buscar en la parte inferior de la tabla la edad del bebé, en meses, y su estatura en centímetros o su peso en gramos, al lado izquierdo de la tabla. Los puntos donde se cruzan la edad y la estatura o el peso se marcan con una cruz. Todas las cruces se unen para formar una curva.

Qué esperar

En tanto la curva de crecimiento indique en cada control que tu hijo ha crecido, no hay razón para preocuparse. La mayoría de los bebés están en el mismo percentil en cuanto al peso y la estatura, y permanecen allí durante el primer año. Puede haber algunas fluctuaciones, pero no deben preocuparte: los bebés tienen ciertos períodos de crecimiento rápido y luego empiezan a crecer más lentamente durante un tiempo.

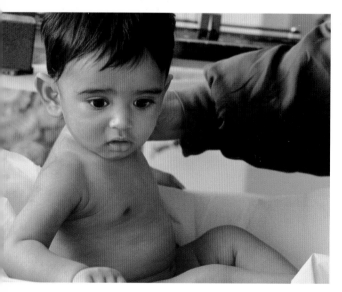

EL PESO
El aumento de peso será más lento ahora que durante los primeros seis meses. Esto es normal, así como las fluctuaciones de peso, en especial cuando el niño se siente mal o se pone difícil a la hora de comer.

Esquema de vacunación

Es importante que lleves un registro de las vacunas que se le han aplicado a tu hijo y que anotes si tuvo alguna reacción adversa en algún caso; así, el médico tendrá a la mano esta información si la necesita.

A esta edad probablemente ya se le han aplicado las vacunas que aparecen en esta tabla, aunque los esquemas de vacunación varían de un país a otro. Si por alguna razón a tu bebé le falta una de estas vacunas, o todas ellas, debes llevarlo al médico. Siempre y cuando esté bien y no haya sufrido algún efecto colateral previo, todavía se puede vacunar, sin importar qué edad tenga.

Gracias a las exitosas campañas de vacunación, las más graves enfermedades de la infancia, como la difteria y la poliomielitis, son muy poco frecuentes hoy en día. Sin embargo, no podemos olvidarnos de ellas: todas las enfermedades contra las cuales se vacuna a los niños pueden ser peligrosas. Algunas vacunas, como la DTP y la Hib, vienen combinadas para reducir el número de pinchazos.

Después de la vacunación es posible que tu bebé se muestre cansado y molesto. Quizás tenga una ligera fiebre y el área de la inyección esté colorada y sensible. Todas éstas son reacciones normales y pueden tratarse con acetaminofén.

Vacuna	Protege contra	Edad a la que se aplica	Método
DTP	Difteria, tétanos, pertussis (tos ferina)	Dos, tres y cuatro meses	Inyección
PV	Polio	Dos, tres y cuatro meses	Inyección o gotas
Hib	Haemophilus influenza tipo B	Dos, tres y cuatro meses	Inyección
Hepatitis B	Hepatitis B	Seis meses	Inyección
MMR	Sarampión, paperas	Nueve a 12 meses	Inyección
Varicela, rubéola	Varicela, rubéola	12 meses	Inyección

Las tablas de percentiles son sólo guías; lo importante es el patrón general a lo largo de varios meses.

Sólo deben ser motivo de preocupación los cambios significativos: si, por ejemplo, el peso de tu bebé empieza a bajar o a subir hacia los percentiles más bajos o más altos, o si se presenta una amplia discrepancia entre la estatura y el peso.

Historia médica

Llevar un registro de las enfermedades y los tratamientos que se le han aplicado al bebé es útil cuando el pediatra necesita saber algo sobre su historia médica. Ante un bebé enfermo, a muchos padres ansiosos les puede fallar la memoria. Cualquier anotación será importante para tu médico: qué enfermedades ha tenido el niño, si tiene predisposición a ciertas enfermedades y si ha sufrido alguna reacción alérgica a un medicamento.

Detalles de la enfermedad

Lleva un registro sobre la salud de tu hijo que incluya esta información:

- La fecha en que se enfermó.
- La fecha en que se recuperó.
- Qué síntomas tuvo.
- Cuándo llamaste o fuiste a ver al médico.
- Cuál fue el diagnóstico.
- Qué instrucciones te dio el médico.
- Qué medicamentos formuló y por cuánto tiempo.
- Si esta medicación tuvo efectos colaterales.

La dentición

El momento en que aparece el primer diente es muy emocionante. Por lo general asoma entre los seis y los nueve meses, aunque se dan casos de apariciones tempranas (a los tres meses) o tardías (a los doce meses); incluso hay bebés que nacen ya con un diente. Como tantos de los cambios de tu hija en los próximos meses, la dentición obedece a factores hereditarios y las circunstancias de cada niño son únicas.

ritmo de desarrollo de un bebé y tal vez se note cierta regresión respecto a las destrezas ya adquiridas. Una vez que vuelva a sentirse como antes, tornará al punto donde había quedado y seguirá progresando.

Cómo crecen los dientes

En la mayoría de los bebés los primeros dientes aparecen en la encía inferior hacia los seis meses de edad. Son los incisivos centrales inferiores (o dientes de corte). Más tarde aparecen los incisivos centrales superiores, entre los seis y los ocho meses, y los cuatro incisivos laterales rompen la encía hacia los nueve meses. Luego, entre los 10 y los 14 meses, vienen los cuatro primeros premolares (los dientes planos para moler los alimentos), y les siguen los caninos (los dientes punti-agudos) y los segundos premolares, entre los 16 y los 18 meses, incluso a veces hasta cerca de los dos años. La mayoría de los bebés han completado sus 20 dientes de leche hacia los dos años y medio de edad.

¿Le están saliendo los dientes?

Muchos bebés no muestran signos obvios de dentición y tal vez te tome por sorpresa la aparición del primer diente. Otros bebés se ponen molestos e irritables durante un par de meses antes de que les salga un

Cambios de comportamiento

Cuando a tu hija le empiecen a salir los dientes, no te sorprendas si notas un cambio en su comportamiento general. Por ejemplo, tal vez no quiera usar su vaso, a pesar de que había disfrutado enormemente la independencia que éste le daba; o tal vez insista en que la mantengas alzada, cuando antes era feliz jugando sola por ratos, sentada en el piso. El dolor o las molestias de la dentición pueden influir por un tiempo en el diente. Es difícil saber si esta incomodidad es causada por algo diferente, como una enfermedad. En todo caso, los signos comunes de la dentición pueden ser los siguientes:

- encías hinchadas y enrojecidas
- salivación excesiva
- mejilla inflamada
- tos ligera
- fiebre baja
- el bebé muerde todo lo que pueda llevarse a la boca

Dentición y enfermedad

Síntomas como éstos a menudo se le atribuyen a la dentición, pero deben ser tratados como una enfermedad aparte:

- **Fiebre alta.** Una fiebre de 38° C o superior durante más de 24 horas puede ser un signo de infección. Dale a tu bebé acetaminofén y, si la fiebre persiste por más de un día, consulta al médico.
- **Diarrea.** Esto es delicado, puesto que los bebés pueden deshidratarse muy rápidamente. Dale muchos líquidos. Si a las 24 horas tu bebé sigue con diarrea, llama al médico.
- **Dolor de oído.** Si ves que tu bebé se jala las orejas, es probable que tenga una infección, que puede causarle daño al oído y volverse rápidamente dolorosa. Llama al médico.
- **Infecciones pulmonares.** Una tos suave es común durante la dentición, ya que el exceso de saliva produce exceso de moco. Pero si tu bebé tiene fiebre y dificultad para respirar, tal vez tenga una infección pulmonar. Llama al médico.

El cuidado de los dientes

Desde que aparezcan los dientes, empieza a limpiarlos dos veces al día con un cepillo suave especial para bebés. Cuando tu hija sea capaz de escupir, agrega una gota de pasta dental. Si no quiere dejarse cepillar, usa un dedo limpio. Enséñale a escupir la pasta de dientes, sin tragarla.

Cómo aliviar a tu bebé

Si tu nenita está irritable, necesitará algo que la alivie. Si no se trata de una enfermedad (ver a la izquierda), estas sugerencias pueden serte útiles:

★ Dale algo frío para chupar: aros para la dentición, cualquier juguete limpio y apropiado para su edad, como una sonaja, o incluso un pan congelado. Todo esto puede ayudar, pero recuerda no dejarla sola si le das alimentos, porque podría llegar a atragantarse.

★ Dale un masaje en la encía: si presionas sobre su encía con tu dedo limpio, tal vez alivies su molestia.

★ Aplícale gel para la dentición. De venta en las farmacias, contiene un anestésico local suave que puede calmar temporalmente el dolor, aunque es muy probable que no dure mucho tiempo en la boca de tu bebé.

★ Dale muchos líquidos, sobre todo si está salivando en exceso. Intenta darle agua hervida fría o jugo de frutas diluido.

★ Suminístrale ocasionalmente una dosis de acetaminofén sin azúcar, si tiene una fiebre moderada de 38° C.

Alimentación sana

En los próximos meses tu hijo aprenderá a sentarse y a agarrar una cuchara.

Al descubrir que puede comer solo, empezará a participar en las comidas familiares

y éstas serán más fáciles para ti, porque ya comienza a comer lo mismo que todos.

El número de alimentos que puedes darle a tu hijo es cada vez mayor. Es entonces el momento de establecer patrones de alimentación saludable que serán benéficos para toda la vida. Como a veces hay cambios en los consejos sobre la alimentación saludable, es importante que consultes también con tu pediatra.

Alimentación para un crecimiento sano

Hacia la segunda mitad de su primer año de vida, tu hijo ya debe estar recibiendo dos o tres comidas al día, además de la lactancia (leche materna o maternizada), que aún es parte fundamental de su dieta. Puedes darle la mayoría de los alimentos que come tu familia, siempre y cuando no sean dulces ni tengan mucha sal. Al darle a probar un alimento nuevo, ofréceselo solo para comprobar que no presente alergias a él o alguna sensibilidad especial.

Al cabo de dos meses de darle alimentos sólidos puedes cambiar los purés por alimentos triturados o picados, con más textura. De los nueve a los 10 meses, tal vez a tu hijo le guste ya comer pollo al horno o coliflor gratinada, siempre y cuando no lleven sal. Recuerda que si no puedes darle tres comidas al día también es adecuado darle porciones pequeñas frecuentes durante el día.

Alimentación sana para toda la vida

Una de las mejores formas de que tu hijo crezca saludable es lograr que desde ahora desarrolle hábitos de alimentación sana.

LA DIETA ADECUADA
La clave de la buena alimentación a esta edad está en ofrecerle a tu hijo gran variedad de alimentos – cocidos y crudos – de los cuatro grupos principales (ver recuadro) y meriendas nutritivas que satisfagan sus requerimientos de energía.

Alimentos adecuados

Diariamente debes darle a tu hijo por lo menos una porción de pescado, carne, huevo, lentejas o fríjoles, ya que éstas son las principales fuentes de proteína y hierro. A los seis meses tu bebé ya ha consumido las reservas de hierro con que nació y la leche sola no será suficiente para satisfacer sus requerimientos diarios. Dale todos los días alimentos de cada uno de los cuatro grupos principales:

★ **Productos lácteos** como el queso o el yogur. Hasta los 12 meses de edad necesitará de 500 a 600 ml de leche (materna o maternizada) al día. Aunque no le puedes dar leche de vaca pura antes de que cumpla un año, ya es posible empezar a agregar pequeñas cantidades de leche de vaca a una salsa de queso, por ejemplo, o a su cereal del desayuno.

★ **Féculas** como la papa, el pan, los fideos, el arroz y los cereales para el desayuno. Puedes ensayar los alimentos que contienen gluten.

★ **Frutas y vegetales** – aumenta la variedad.

★ **Carne y alternativas a la carne.** Puedes empezar con algún pescado suave o con carne de pollo bien picada. También le gustarán las lentejas y los frijoles bien cocidos. Puedes darle huevos siempre y cuando, también, estén bien cocidos; intenta el huevo duro o la tortilla fría. Empieza por darle sólo la yema, pues es menos probable que le produzca alguna alergia. Muchos nutricionistas recomiendan que la clara de huevo cocida sólo se les dé después del primer año.

● **Introduce variedad de sabores, colores y texturas.** Así el niño estará siempre interesado en la comida; incluso los bebés pequeños se aburren si se les sirve lo mismo todos los días. No te preocupes si no le gusta algo nuevo: los gustos de los bebés son volubles y tal vez mañana lo intente otra vez.

● **Felicítalo cuando coma bien.** Si quieres que a tu hijo le guste la comida saludable, tienes que ofrecérsela en abundancia y felicitarlo cuando se la coma.

● **Evita premiarlo con dulces.** El azúcar, que quita el apetito y daña los dientes, es fácil de evitar durante el primer año de vida tu bebé. Está comprobado que los bebés que han probado el azúcar desde muy temprano desarrollan un gusto mayor por el dulce que los bebés que no la prueban tan pronto.

● **Dale meriendas saludables.** Los bebés consumen mucha energía y es probable que sientan hambre muy rápidamente si han estado activos. Provee energía a tu bebé con meriendas nutritivas como trozos de fruta, yogur natural, pasteles de arroz y palitos de pan.

● **Evita las comidas rápidas.** Prepara comidas saludables para llevar cuando salgas con tu hijo, de manera que no tengas que recurrir a los restaurantes de comida rápida; las papas fritas, las hamburguesas y las gaseosas tienen alto contenido de grasa, sal, azúcar y aditivos indeseables.

Alimentos que es mejor evitar

A esta edad hay ciertos alimentos que tu hijo todavía no debe probar. Son:

● **Sal, azúcar y miel** (puedes endulzar los postres con papilla de plátano).

● **Bebidas con sabor a fruta y dietéticas.** Si quieres darle con las comidas una bebida diferente de la leche, ofrécele jugo de fruta diluido, sin azúcar.

● **Comidas que presenten alto riesgo de intoxicación.** Por ejemplo, quesos madurados con mohos, paté de hígado y huevos pasados por agua.

● **Nueces.** Evita todas las nueces y los productos que contengan cacahuete, sobre todo si tu familia tiene historia de alergias.

● **Alimentos bajos en grasa y altos en fibra.** Los bebés requieren más calorías y menos fibra para obtener la energía que necesitan para crecer.

● **Alimentos que presenten riesgo de atragantamiento.** Por ejemplo, uvas enteras, nueces, palomitas de maíz, trozos de manzana o zanahoria y apio. Incluso las hamburguesas y los perros calientes tienen cierto riesgo, a menos que estén bien picados.

Aprendiendo a comer

Hacia los seis o siete meses de edad es tal el progreso de tu hija, que las comidas son algo totalmente diferente. Como ya puede sentarse sin ayuda, tendrás que invertir en una silla especial. Disfrutará al ver que le llevas la comida, pero es posible que se impaciente; intenta entonces mantenerla ocupada con algunos juguetes.

Aprende a masticar

Si quieres que tu hija aprenda a masticar, tienes que empezar a darle comida más sólida, pero no imagines que podrá comerse un pedazo de carne tan sólo porque ya le salió el primer diente. Por un tiempo seguirá usando las encías para masticar y tendrás que ofrecerle comida ligeramente triturada, por lo menos hasta que cumpla el primer año. Si lo deseas, puedes darle enteros algunos alimentos blandos, como el pan y la pasta.

A algunos bebés no les gusta encontrar en el plato repentinamente trozos duros y pueden reaccionar escupiendo todo. Si tu niña hace esto, no la obligues: aprender a masticar es un ejercicio difícil; no olvides que hasta ahora ella sólo ha aprendido a chupar. Más bien, ofrécele alimentos que pueda tomar con la mano (ver más abajo) para que practique la masticación y explore nuevas texturas.

Come con la mano

Hacia los siete meses, tal vez tu hija quiera intentar comer con la mano. Su coordinación ojo-mano ha

MASTICACIÓN
Aprender a masticar es importante no sólo porque amplía la gama de alimentos que tu bebé puede comer, sino también porque le ayuda a practicar el movimiento de la boca y la lengua y lo alista para aprender a hablar.

mejorado tanto que ya puede agarrar un trozo de comida y llevárselo a la boca, aunque no con mucha educación. Por ahora, sostendrá la comida en el puño y hará esfuerzos por llevarse todo a la boca con la mano abierta. Hacia los nueve meses, sin embargo, ya dominará mejor el pulgar y el índice, y con esta pinza logrará agarrar alimentos pequeños como las uvas.

Los primeros alimentos que tu bebé puede comer con la mano son los que tienen consistencia blanda y ella puede tragar, o los que se disuelven en la boca sin masticarlos. Corta siempre la comida en trozos que la niña pueda manejar y no le des muchas cosas al mismo tiempo: ella querrá llevarse todo de una vez a la boca o lanzarlo al piso. Ensaya con estos alimentos:
- pan, pasteles de arroz, tostadas
- cuadritos de queso duro
- trozos de fruta blanda, como plátano, durazno o melón
- trozos pequeños de zanahoria, bróculi o coliflor cocidos (sin los tallos), papa
- pasta bien cocida (cortada, si es necesario)
- huevos revueltos

Cuando aparezcan los primeros premolares – hacia los 10 meses – puedes ofrecerle alimentos más duros, como trozos de manzana o de pollo. Recuerda siempre permanecer junto a tu bebé cuando esté comiendo, para ayudarle en caso de que se atragante.

Intenta comer sin ayuda

Desde muy pequeños, a los bebés les gusta intentar comer con una cuchara solos. Hasta los nueve meses, probablemente tu bebé derramará la cuchara antes de llevársela a la boca, de modo que te conviene recordar lo siguiente:
- Comer solo es un paso básico y aumenta la independencia y la confianza de tu bebé.
- Tu bebé necesita practicar mucho, así que es importante ignorar el desorden. En vez de renunciar, pon algo debajo de su silla para recoger los desperdicios, y recuerda que esta etapa pasa.

Usar el vaso

Ésta es una buena época para que tu hija empiece a usar a la hora del almuerzo un vaso de dos asas y pico en lugar del biberón o del seno. Tendrás que mostrarle cómo llevárselo a la boca y cómo inclinarlo ligeramente para que el líquido salga, y tal vez se demore un poco en apreciarlo. Sé paciente. Dejar el biberón le ayudará a desarrollar el lenguaje. Además, al tomar de un vaso con pico las bebidas estarán menos tiempo en contacto con sus dientes y esto favorecerá su salud dental. Cuanto más pronto deje el biberón, mejor será para tu bebé, ya que no se aferrará a él como a un objeto que le da seguridad.

- Asegúrate de que come lo suficiente, dándole otros bocados entre uno y otro de sus intentos, con tu cuchara. Más tarde sólo tendrás que ayudarle a llenar la suya.

Si no quiere comer

Hay momentos en que tu hija rechazará la comida. Puede ser simplemente que no tiene hambre ese día, le está saliendo un diente o algo la distrae. Nunca la obligues a comer y evita convertir en una batalla la hora de la comida. Es perfectamente normal que ella quiera jugar con los alimentos; pero si ves que está aburrida y no quiere más, retírale el plato e inténtalo más tarde. Sin embargo, si te preocupa su dieta, habla con el pediatra.

El sueño

El sueño es vital para los bebés porque les permite crecer y desarrollarse de manera adecuada: durante el sueño se liberan las hormonas del crecimiento y las nuevas células crecen más rápidamente. Si un bebé no duerme lo suficiente, puede volverse irritable y difícil y es probable que reaccione menos a los estímulos.

A los seis meses, tu hijo ya debe poder dormir durante toda la noche sin despertarse. Si no lo está haciendo, puedes tomar algunas medidas para que ambos descansen, pero esto no significa que vaya a dormir todas las noches sin problema. Si tu hijo está sintiendo la ansiedad por la separación (ver págs. 8-9), por ejemplo, es probable que empiece a despertarse de nuevo y te busque para tranquilizarse.

¿Cuánto sueño necesita?

Mientras que los recién nacidos tienden a dormir hasta 18 horas al día, los bebés de seis meses ya sólo necesitan de 12 a 14 horas de sueño al día, incluidas un par de siestas de una o dos horas. Sin embargo, esto no durará mucho tiempo. A los pocos meses, tu hijo empezará a dormir sólo una siesta, por lo general la de por la mañana, y algunos bebés quizás decidan sencillamente no dormir durante el día.

¿Es importante la siesta?

Si tu hijo duerme durante el día, tú tendrás un tiempo libre que realmente necesitas. Además, cuanto más descansado se sienta, más contento estará durante el día y más fácilmente se calmará por la noche. Sin

embargo, algunos bebés necesitan menos sueño que otros, por naturaleza. Si tu hijo se ve contento sin dormir la siesta ni por la mañana ni por la tarde, y si se calma fácilmente por la noche, quiere decir que encontró un equilibrio adecuado para él.

Sin embargo, si parece cansado y nervioso, y aún así se resiste a dormir la siesta, puede significar simplemente que la vida a su alrededor le parece muy emocionante y no quiere perderse ni un solo segundo de lo que sucede. Si éste es el caso, trata de no estimularlo en exceso al acercarse la hora de la siesta e intenta

PRÁCTICA DEL SUEÑO
Si le enseñas a tu bebé a dormirse solo en la cuna,
le ayudarás a establecer buenos patrones de sueño.

ponerlo a dormir antes de que esté demasiado cansado. Asegúrate de que el cuarto esté oscuro y nada lo distraiga. Si aun así se resiste y te encuentras ante la perspectiva de que tu bebé esté irritable el resto del día, sal a dar un paseo con él a pie o en automóvil. Muchos bebés cabecean en tales circunstancias y una simple siesta de 20 minutos les da el reposo suficiente para el resto del día.

¿Cuándo pasará la noche sin despertarse?

¡Todos los padres esperan ansiosos la llegada de este momento! En raras ocasiones, algunos recién nacidos obsequian a sus padres con noches no interrumpidas a partir de la sexta u octava semana, pero la mayoría de los bebés no duermen más de cinco horas seguidas hasta que cumplen tres meses de edad o más. A los seis meses, sin embargo, cuando ya no necesitan alimentarse de noche, deberían poder dormir hasta 11 ó 12 horas seguidas.

No obstante, aunque tu hijo ya esté listo físicamente para dormir toda la noche, es probable que le cueste trabajo hacerlo por alguna enfermedad, por la dentición o porque experimenta la ansiedad por la separación. Otras veces se despierta tan sólo debido a su patrón de sueño. Durante una noche normal, tu bebé alterna períodos de sueño profundo con períodos de sueño liviano. Durante los períodos de sueño liviano, que pueden ser cinco o seis, es corriente que se despierte y abra los ojos, e incluso llegue a gritar si no te ve o no te siente.

Volver a dormirse

Para los bebés que están acostumbrados a que los mezan, los abracen o les den de comer a la hora de dormir, será mucho más difícil volver a dormirse si se despiertan durante estos períodos de sueño liviano. Sin embargo, si has establecido una buena rutina para la hora de acostarse (ver págs. 26-27) y tu hijo sabe dormirse solo, rápidamente caerá de nuevo en uno de sus períodos de sueño profundo.

Comida durante la noche

A los seis meses de edad tu hijo ya debe ser capaz de dormir toda la noche, si se ha desarrollado bien y sigue una buena rutina (ver izquierda). Si aún se despierta y pide que lo alimentes, es más probable que sea por hábito que por hambre, especialmente si hace poco empezaste a destetarlo; ya no existe una razón física para alimentarlo durante la noche.

Sin embargo, para los bebés alimentados con seno es especialmente difícil renunciar a un abrazo a la medianoche. Una solución es pedirle a tu compañero que intente él calmar al bebé cuando se despierta. Si no huele la leche de tu seno, es más probable que se duerma pronto. El proceso tal vez tarde, pero tu bebé terminará por dormir sin interrupciones.

La hora de acostarse

Puedes evitar problemas del sueño si le ayudas a tu hija a desarrollar buenos hábitos a la hora de dormir. Incluso si hasta ahora ha sido difícil habituarla a una buena rutina nocturna, no es demasiado tarde para empezar. Y aunque alguna enfermedad, o incluso un cambio de ambiente, hayan trastornado sus costumbres, cuando se recupere o regrese al entorno familiar volverá pronto a adoptar la rutina previa.

Sigue una rutina

El primer paso para ayudar a tu hija a dormir bien por las noches es seguir con regularidad una rutina a la hora de acostarse. A los seis meses ya comprende mejor el mundo y está comenzando a reconocer sus rituales cotidianos. Si sigues la misma rutina todas las noches, pronto sabrá qué esperar y comprenderá que cuando llega la hora de acostarse hay que dormir, no ponerse a jugar. Muchos padres comienzan esta rutina con un baño relajante, sigue un cuento, la última comida, el cepillado de los dientes, y a la cama. La clave está en ayudar a tu bebé a relajarse, así que debes evitar toda actividad estimulante.

Déjale un objeto reconfortante

Ahora que tu hija ya puede ponerse de espaldas y boca arriba sin ayuda, puedes dejarle en la cama una frazada, un almohadón o un muñeco blando que cumpla todas las normas de seguridad (asegúrate de que tu niña no pueda sofocarse con el muñeco). Si su peluche favorito o un objeto por el que ella siente un cariño especial la espera en la cama todas las noches, comenzará a asociarlo rápidamente con el hecho de irse a dormir. Llegará el momento en que, si se despierta por la noche, la presencia tranquilizadora de ese objeto le ayudará a dormirse de nuevo. Si tú también lo abrazas, el objeto adquirirá algo de tu olor y tu nena sentirá que tiene algo tuyo durante la noche.

Dale las buenas noches

Acunar, abrazar o alimentar a un bebé para que se

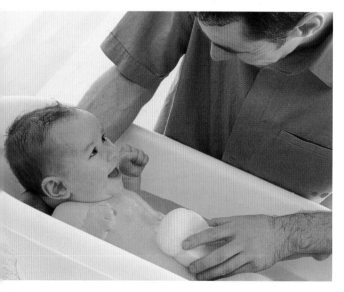

CARIÑO A LA HORA DEL BAÑO
La hora del baño es una oportunidad importante para pasar un tiempo íntimo con el bebé antes de llevarlo a dormir.

duerma son las principales causas de los problemas con el sueño. Aunque es tentador dejar que tu bebé se duerma en tus brazos, esto no la ayudará a aprender cómo volver a dormirse por sí sola si se despierta. La clave para desarrollar un buen patrón de sueño es ponerla en la cama cuando está calmada pero aún despierta, darle un beso y salir de su habitación.

Permite que llore un rato

La mayoría de los bebés, especialmente aquéllos que están acostumbrados a dormirse en brazos de sus padres, al principio tienen dificultades para dormirse por sí mismos. Si tu nenita llora cuando sales de su habitación, intenta no volver de inmediato. Dale una oportunidad de llorar, dejar de llorar y quedarse acostada mientras llega el sueño. Cuando su llanto suene más desesperado, regresa, dale un beso, dile que todo está bien y vuelve a salir. Es probable que tengas que repetir esta escena durante varias horas hasta que finalmente se duerma. Pero vale la pena que perseveres ahora y durante las noches siguientes; hacia la sexta o séptima noche la mayoría de los bebés aprenden que están bien solos y que pueden dormirse por sí mismos.

Si se despierta por la noche...

Quizás sea difícil conservar la calma si tu hija se despierta durante la noche. A veces, acunarla o darle de comer para que vuelva a dormirse te parecerá la opción más rápida y fácil, pero sólo prolongará este problema. Más bien, decídete a emplear la misma técnica que usaste antes: ve a verla, verifica que todo esté bien, dale un beso y, antes de salir de nuevo de la habitación, tranquilízala. A los seis meses de edad tu bebé estará ya muy segura de tu amor y podrá aceptar que la dejes sola para dormir. Aunque al principio este sistema puede resultarte agotador, recuerda que vale la pena que perseveres. Con la mayoría de los bebés bastan unas cuantas noches para acabar el hábito de despertarse por las noches.

¿Una habitación para ella sola?

A la mayoría de los padres les gusta que sus bebés duerman en la misma habitación con ellos – es una práctica corriente en el mundo entero – y algunos expertos están de acuerdo con que es una buena idea.

Si lo deseas, a partir de los seis meses puedes pasar a tu nena a una habitación aparte. A esta edad cualquier cosa puede perturbar su sueño y ella podría despertarse cuando tú vayas a acostarte, si toses o te mueves por la noche. Además, tu bebé ya será capaz de mantenerse despierta si algo le molesta, cosa que no podía hacer cuando era más pequeña.

Si quieres darle su propia habitación, elige una época en que ella no se esté adaptando a otros cambios, como, por ejemplo, a una nueva niñera. Si está experimentando la ansiedad por la separación, también es conveniente que siga durmiendo contigo en tu habitación hasta que se estabilice.

Comunicación

Tu hijo se está comunicando contigo desde el día en que nació. Al principio mediante el llanto, luego también con sus sonrisas y a partir de los seis meses con todo un conjunto de señas y gestos que empezará a hacer. Todavía faltan muchos meses para que diga sus primeras palabras, pero esto no le va a impedir expresarse.

Tu hijo no necesita saber hablar para entender lo que le dices. De hecho, su comprensión del lenguaje se desarrolla más rápido que su habilidad para usarlo.

Ante todo, entender

Los bebés aprenden a hablar a ritmos tan diferentes que su lenguaje receptivo – qué tanto entienden de lo que se les dice – indica mucho mejor sus progresos.

Esto puedes verlo de diferentes maneras. Primero notarás que se vuelve hacia ti cuando escucha su nombre. Y hacia los nueve meses, por ejemplo, notarás que está empezando a reconocer palabras que designan personas u objetos familiares, tales como "oso" o "vaso". Se reirá en el momento oportuno cuando le cantes algunas canciones, buscará con la mirada su vaso cuando le preguntes por él y seguirá instrucciones sencillas como "Dale un beso a mamá".

Algunos bebés dicen sus primeras palabras antes de cumplir el primer año (¡palabras que por lo general sólo reconoce su familia!), pero son muchos los que no pronuncian nada comprensible antes de los 13 meses, e incluso algunos se hacen entender mediante señas casi hasta su segundo año. Siempre y cuando tu bebé

LISTO PARA HABLAR
Al final del primer año de vida tu bebé estará listo para hablar. Cuanto más le respondas como si estuviera hablando, mejor estimularás su deseo de comunicarse.

parezca entender lo que le dices, lo más probable es que su lenguaje oral se desarrolle normalmente.

Señas y gestos

El desarrollo de la comprensión del lenguaje es simultáneo al de la capacidad de expresarse con señas y gestos, otra etapa importante en el desarrollo del lenguaje. A tu hijo le fascina comunicarse contigo y es muy creativo en cuanto a encontrar formas de hacerte saber lo que quiere. Por ejemplo:

• Más o menos a partir de los siete meses de edad abrirá y cerrará la mano cuando quiera algo y moverá la cabeza o te empujará si estás haciendo algo que le disguste; también hará gestos para mostrarte si está molesto, feliz o asustado.

• Hacia los nueve meses empezará a señalar lo que quiere, a despedirse moviendo las manos y a agitar los brazos para pedir que lo alces.

• A partir de los 10 meses entenderá preguntas sencillas como "¿Quieres tomar algo?" y responderá asintiendo o negando con la cabeza.

Estas señas y gestos son el recurso que usa mientras aprende a hablar. Es importante que intentes descifrarlos y le hagas ver que los entiendes. Si tú respondes correctamente, él se sentirá seguro, confiará en ti y tendrá deseos de comunicarse.

De los sonidos a las palabras

Los bebés desarrollan las aptitudes de lenguaje a diferentes ritmos, pero los varios pasos que siguen por lo general tienen lugar en el mismo orden.

• El balbuceo es una de las etapas más importantes y, por regla general, comienza hacia los seis meses, época en que los bebés empiezan a dominar la lengua, los labios y el paladar; tu bebé descubre primero las consonantes y comienza a pronunciar sus primeras sílabas, como "ba" o "pa".

• Una vez que alcanza un control suficiente de los sonidos, se divertirá repitiéndolos una y otra vez, por ejemplo, "ba-ba-ba" o "pa-pa-pa".

La importancia del oído

La capacidad de oír bien es vital para el desarrollo del lenguaje ya que incentiva la imitación y ésta, a su vez, estimula las aptitudes de lenguaje. Podrás comprobar si el oído de tu bebé está bien si:

★ A los seis o siete meses balbucea, intenta imitar sonidos y se vuelve hacia ti cuando escucha tu voz.

★ A los nueve meses escucha con atención los sonidos familiares cotidianos, como un perro que ladra o el timbre de la puerta.

★ Hacia el año te responde cuando le dices "no" o "adiós".

Pérdidas parciales del oído – causadas, por ejemplo, por repetidas infecciones de este órgano – pueden interferir con el desarrollo del lenguaje. Si tienes alguna preocupación respecto al oído de tu bebé, consulta con tu médico.

• Hacia los ocho meses estará pronunciando dobles sílabas que suenan como palabras verdaderas, tales como "ba-ba" o "pa-pa" (¡para alegría de su padre!).

• Entre los 10 y los 12 meses encadenará los sonidos que conoce y usará la entonación de tal modo que parezcan un discurso verdadero.

Al final, los experimentos con los sonidos lo llevarán a pronunciar sus primeras palabras, por lo general cuando cumple un año de vida. Pero no te sorprendas si sólo tú y otros miembros de la familia le entienden, por estar familiarizados con las rutinas de su vida y las palabras asociadas a ellas. No siempre se trata de palabras verdaderas, pero si tú reconoces lo que él quiere y le repites la palabra precisa, terminará por decirla correctamente.

Aprendiendo a hablar

Ver cómo los balbuceos y gorgoritos de tu hija se convierten en palabras verdaderas es emocionante para ti y un paso enorme para tu pequeña, pues al aprender a hablar descubre más cosas sobre el mundo que la rodea y se acerca más a ti. Y aunque el aprendizaje del lenguaje es algo inherente al bebé – los bebés son comunicadores por naturaleza –, tu papel en este proceso es fundamental: con tu ayuda, tu niña descubrirá que hablar no sólo es importante sino también divertido.

Qué esperar

A partir de los seis meses tu hija comenzará a emitir un conjunto increíble de sonidos, y su alegre balbuceo empezará a parecerse cada vez más al patrón, al tono y a la intensidad del discurso de los adultos.

Al cumplir el primer año de edad, la mayoría de los bebés ya estarán pronunciando sus primeras "palabras", como "oto" para oso o "aba" para agua. Sin embargo, no dominan todas las consonantes hasta los tres o cuatro años, e incluso más tarde.

No te sorprendas si luego de haber empezado como un relámpago, tu hija deja de aprender nuevas palabras durante un tiempo. Pueden pasar tres o cuatro meses antes de que empiece a adquirir nuevas palabras, especialmente si, además de estar aprendiendo a hablar, también está desarrollando otras habilidades, como caminar.

Diferentes ritmos de desarrollo

Si tu hija tiene hermanos o hermanas mayores, verás que aprende a hablar más tarde de lo que ellos lo hicieron. Los mayores por lo general aprenden más rápido porque reciben mucha atención directa: sus padres tienen más tiempo para estar con ellos y escucharlos. Y aunque el segundo o tercer hijo escuche muchas conversaciones a su alrededor, tal vez tenga poca oportunidad de practicar (¡sobre todo porque sus hermanos querrán traducir sus palabras!). Por esta razón es importante reservar un tiempo especial para estar a solas con tu bebé.

Maneras de ayudar

Cada vez que le hablas, tu nenita absorbe nueva información sobre el lenguaje. Si le hablas de tal forma que para ella sea más fácil escuchar y aprender, estarás aprovechando al máximo el tiempo que pasan juntas.

● **Conversa con ella.** Una de las mejores maneras de ayudarle a mejorar el lenguaje es hablarle acerca de lo que estás haciendo, ya sea cocinando o cambiándole el pañal: descríbele en qué consiste tu actividad.

● **Dale oportunidad de responder.** La conversación es un proceso de dos vías y a tu bebé le encantará hablar contigo por turnos. Recuerda entonces hacer una pausa y esperar su "respuesta" cuando estés conversando con ella.

● **Hazlo de manera sencilla.** Usa frases cortas y sencillas y trata de hablar lentamente. Tu bebé necesita tiempo para entender lo que estás diciendo y no captará lo que digas demasiado rápido.

edad le fascinarán los objetos domésticos rutinarios, como la cafetera o la lavadora.

• **Repite correctamente.** Si tu bebé ha comenzado a emitir sonidos como "aba-aba" para agua, o "nana" para manzana, estimula su confianza repitiendo la palabra correcta ("¿Quieres tomar agua?" o "Aquí está tu manzana") para mostrarle que entendiste lo que ella dijo. Así le enseñarás a pronunciar bien las palabras.

• **Juega con ella.** Las canciones actuadas, el juego del escondite y los palmoteos divertirán mucho a tu bebé: le enseñarán a predecir lo que viene después y al repetir aprenderá palabras comunes.

Primeros libros

Tu hija es todavía muy pequeña para concentrarse en los cuentos, pero ojear los libros contigo le ayudará a desarrollar las aptitudes de comunicación. Intenta dedicar todos los días un rato a la lectura, señalándole las imágenes para motivarla a mirarlas y usando exclamaciones y tonos de voz diferentes para mantener su atención.

• **Usa gestos y enfatiza tus palabras.** Esto hará la charla más interesante para tu bebé, sobre todo si a veces, por diversión, exageras los gestos y apelas al humor.

• **Sé coherente.** Trata de usar las mismas palabras para los mismos objetos. Si un día le hablas del "vaso" y al otro día de la "taza", sólo lograrás confundirla.

• **Ayúdala a escuchar.** Reduce el ruido de fondo. Tu bebé aprenderá a escuchar mejor si no tiene distracciones.

• **Aprovecha su interés.** Cuando veas a tu bebé mirar o señalar algo con atención, dile de qué se trata. A esta

Cómo elegir los libros

Cuando vayas a elegir un libro, busca:

★ Libros resistentes que se puedan morder y maltratar; los libros de plástico son especialmente buenos para la hora del baño.

★ Libros que tengan ilustraciones o fotografías grandes, brillantes y contrastadas.

★ Libros que tengan imágenes realistas y reconocibles de animales y objetos.

★ Libros que enseñen los sonidos de los animales.

★ Libros que tengan una sola palabra por página o rimas simples.

★ Libros de actividades y texturas o libros que estimulen juegos como el del escondite.

Seguridad

A medida que tu hijo se vuelve más activo, tendrás que pensar más en su seguridad. Cuando aprende a rodar sobre sí mismo, por ejemplo, corre el riesgo de caerse del sitio donde lo cambias. Cuando empieza a desplazarse tiene acceso a lugares peligrosos, puede abrir armarios prohibidos e incluso tocar y probar cosas que podrían hacerle daño.

Los bebés, por naturaleza, tienden a explorar el mundo que los rodea, pero no tienen sentido de los peligros potenciales que hay en él. Si bien tu bebé a esta edad ya comienza a reconocer la palabra "no", no puedes esperar que recuerde lo que puede y no puede hacer.

Tu hijo necesita espacio y libertad que estimulen su desarrollo, de modo que la prevención de accidentes no consiste en sobreprotegerlo. Lo que debes hacer es:
- Brindarle un espacio seguro que pueda explorar.
- Reconocer los peligros potenciales.
- Nunca dejarlo solo y supervisarlo siempre, a menos que esté dormido en la cuna o en un lugar seguro.

- Agacharte o acostarte con él para jugar; así podrás ver mejor qué no es seguro en tu casa.

Dentro de la casa
- Instala puertas en las escaleras cuando tu bebé muestre signos de que va a empezar a gatear.
- Instala dispositivos en las puertas para evitar que se machuque los dedos.
- Instala seguros en las ventanas.
- Usa un arnés cuando lo sientes en su silla alta.
- Aleja de las ventanas cualquier mueble por el que pueda trepar.
- Instala protectores de esquinas en los armarios y mesas con bordes peligrosos.
- Comprueba que no haya muebles que puedan caerle encima si los empuja.
- Verifica que no pueda caerse por las barandillas de terrazas o escaleras.
- Revisa que en los pisos no haya objetos pequeños como botones, pilas, monedas o ganchos.
- Mantén fuera de su vista y alcance fósforos y encendedores.
- Cubre las tomas de electricidad con muebles pesados o con protectores especiales.
- Instala detectores de humo y verifica las pilas cada semana.

Higiene

⭐ Reemplaza o limpia cualquier juguete, alimento o vaso que haya dejado caer en la calle.

⭐ Evita que coma alimentos que haya dejado caer en el baño, en un charco o en otra superficie húmeda.

⭐ Impide que coma algo que se ha llevado a la boca y ha estado rodando por ahí más de una hora.

⭐ Retira de su alcance los cubos de la basura y la comida de las mascotas.

En la cocina

- Guarda los implementos puntiagudos o afilados.
- No dejes sobre las mesas o en el piso bebidas calientes, y no uses manteles: tu bebé podría colgarse de ellos y echarse encima cosas calientes.
- Nunca sostengas una bebida caliente mientras lo estás cargando; en ese caso, es preferible que lo dejes gatear.
- Supervísalo siempre que esté comiendo algo para prevenir atragantamientos.
- Usa las hornillas posteriores en la estufa y gira hacia adentro los mangos de las ollas.
- Evita que los cables eléctricos cuelguen o se arrastren.
- Recuerda que las puertas de los hornos y calentadores se calientan mucho.
- Usa cierres de seguridad en los armarios y mantén bien cerrados los que contienen productos de aseo.
- Cubre los alimentos refrigerados y cocidos y no los recalientes.

En el baño

- Nunca lo dejes solo: podría ahogarse en unos cuantos centímetros de agua.
- Usa una alfombra antideslizante de baño.
- Al preparar el baño, abre primero el agua fría y verifica la temperatura antes de meterlo al agua.
- Mantenlo alejado de la llave de agua caliente, o envuélvela con un trapo y ciérrala muy bien.

- Guarda en un armario bien cerrado todos los medicamentos y máquinas de afeitar.
- Mantén tapado el inodoro y no dejes al alcance de tu bebé el cepillo para lavarlo.

En la habitación

- Cuando pueda pararse solo, comprueba que no haya en la cuna juguetes que pueda usar para bajarse.
- Pon la cuna lejos de la ventana.
- Cuando sepa gatear, quita los móviles.
- Nunca lo dejes solo en la mesa donde lo cambias.

En la sala

- Usa siempre rejillas en las chimeneas y calentadores, bien fijas a la pared.
- Recoge los restos de bebidas alcohólicas.

Afuera de la casa

- Guarda en un sitio seguro los productos químicos y utensilios para el jardín.
- En el cochecito, sujétalo siempre con un arnés.
- Elimina del jardín cualquier planta venenosa.
- Nunca lo dejes solo con agua o cerca del agua.

LA SEGURIDAD ANTE TODO
Tu bebé encontrará mil maneras de investigar el mundo que lo rodea. Asegúrate de no dejar a su alcance objetos que puedan ser peligrosos para él, como tazas de café caliente que podrían derramarse y hacerle daño.

Masajes

Cuando tu hija nació, lo primero que hiciste instintivamente fue tocarla con amor.

El contacto físico – un abrazo, una caricia, un beso – es algo natural y te ayuda a

desarrollar una relación estrecha con ella. También es vital para su bienestar emo-

cional, pues así le muestras que la amas y fomentas su autoestima.

Muchos padres y madres usan el masaje para mejorar la relación con su bebé. Es una forma maravillosa de expresar los sentimientos y, al mismo tiempo, de satisfacer la necesidad emocional que tiene el bebé del contacto piel a piel. Pero el masaje también produce beneficios físicos y puede usarse para aliviar molestias menores.

Es bueno para tu bebé

El masaje le brinda a tu bebé muchas ventajas físicas y emocionales:

★ Le ayudará a confiar en ti y a desarrollar una relación estrecha contigo.

★ La calmará cuando esté inquieta: el masaje reduce la circulación del cortisol (la hormona del estrés) en el torrente sanguíneo.

★ Aumentará su sensación de bienestar: el masaje también estimula las endorfinas, que pueden mejorar el estado de ánimo de tu bebé.

★ Aliviará la flatulencia y la constipación: unas caricias sobre el vientre pueden ayudar a dispersar el aire atrapado.

★ Aliviará las tensiones; por ejemplo, aquéllas causadas por la dentición.

★ Relajará los músculos de sus brazos y piernas y le ayudará a adquirir más movilidad.

Darle masaje a tu bebé también puede ser relajante para ti. Y al saber que con el masaje le brindas bienestar, te sentirás feliz y confiado en tu papel de padre o madre.

Cuándo darle masajes a tu bebé

Éstos son algunos de los mejores momentos para dar un masaje:

● **Entre comidas.** Si tu hija acaba de comer, no se sentirá a gusto con el masaje; y si tiene hambre, el masaje no la calmará.

● **Lo último en la noche después del baño.** Se relajará de manera natural y lo recibirá con placer.

● **Cuando no haya otras distracciones.** Si la casa está tranquila y no estás esperando visita, podrás concentrarte en tu nena sin interrupciones.

No le des masaje a tu bebé si no se siente bien – es obvio que no lo querrá – o si acaba de ser vacunada – el área de la inyección todavía puede dolerle.

Para comenzar

● **Comprueba que no haga frío en la habitación** y que no haya distracciones.

● **Lávate las manos** y sécalas bien, quítate las joyas.

● **Comprueba que tus manos estén calientes;** si las sientes frías, frótalas una contra la otra.

● **Usa un aceite o una loción especial para bebés** cuya etiqueta asegure que es completamente seguro. No utilices productos con aceite de cacahuete, pues podrían provocar una reacción adversa.

● **Desviste a tu hija** y acuéstala sobre una toalla suave y tibia, en tus rodillas o en el piso.

Cabeza y cara

1 *Acariciar y besar el rostro de tu bebé ayuda a aliviar la tensión. Usa tus pulgares para formarle una sonrisa en los labios. Haz un movimiento circular en la coronilla y comienza a bajar tus dedos por los lados de la cara.*

2 *Dale un masaje suave en la frente, empezando en el centro y pasando por encima de las cejas, y luego baja por las mejillas hacia las orejas.*

Brazos y manos

2 *Abre una de sus manos suavemente y frótala primero entre tus palmas, luego frota con tus dedos pulgar e índice el dorso de su mano y después la palma.*

3 *Estira los dedos de su mano y, uno a uno, jálalos suavemente con tu pulgar y tu índice. Repite con la otra mano.*

1 *Dale masaje primero en un brazo y luego en el otro. Acaricia su brazo desde arriba hasta las puntas de los dedos. Luego, con tu índice y tu pulgar, aprieta suavemente a lo largo del brazo.*

Vientre

Piernas

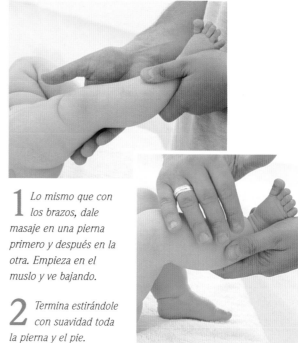

1 *Lo mismo que con los brazos, dale masaje en una pierna primero y después en la otra. Empieza en el muslo y ve bajando.*

2 *Termina estirándole con suavidad toda la pierna y el pie.*

1 *Pon tus dos manos en el centro del pecho de tu bebé y empuja suavemente hacia afuera, siguiendo las costillas. Sin levantar las manos, devuélvelas al centro haciendo un movimiento en forma de corazón.*

2 *Acaricia su vientre, describiendo un movimiento circular en el sentido de las manecillas del reloj; luego, mueve las puntas de tus dedos sobre su vientre, de izquierda a derecha.*

Pies

1 *Aplica el masaje a la punta del pie y frótala; haz lo mismo con cada dedo, haciéndolo rodar entre tu pulgar y tu índice.*

2 *Con tu pulgar, frota la planta del pie. Termina jalando con tus dedos cada dedo del pie de tu bebé.*

Cómo aprenden los bebés

En los próximos meses tu bebé aprenderá una cantidad sorprendente de habilidades. Descubrirá cómo sentarse, cómo gatear y, quizás, cómo caminar. Sabrá recoger objetos pequeños, reconocer a la familia, señalar lo que quiere y hacerte reír. ¡Y esto es sólo el comienzo!

Cómo desarrollan los bebés sus habilidades

Las habilidades físicas y mentales de tu hijo son asombrosas, más aún si piensas cómo empezó su vida: como un cuerpo indefenso que apenas comenzaba a tomar conciencia de sí y del mundo a su alrededor. ¿Cómo ocurren estos cambios increíbles?

La genética influye en la manera como se desarrolla tu hijo, pero su progreso también dependerá en gran parte del tipo de estimulación y atención que reciba de ti. Desde el momento en que nació ha estado absorbiendo información sobre el mundo a su alrededor, en particular sobre las personas que están más cerca de él. Tu bebé aprende naturalmente a través del juego y la exploración: si agita una sonaja y descubre que hace un ruido fantástico, está aprendiendo sobre causa y efecto; cuando intenta gatear sobre la montaña de almohadas que tú le construiste, está descubriendo cómo equilibrar y coordinar las extremidades; y cuando te escucha cantar, está empezando a comprender las bases del desarrollo del lenguaje.

Cómo motivar a tu bebé

¿Cómo se motiva tu hijo? De nuevo, el interés por descubrir y aprender es algo que, en parte, nace con él. Pero tu estímulo y tu apoyo también son de capital importancia. Por ejemplo, cuando finalmente logra despedirse de un amigo moviendo la mano, tus palabras de elogio y admiración alimentan su sentido del logro y lo convencen de que aprender es divertido.

Anticiparte a tu bebé es clave para motivarlo. Cuando esté listo para enfrentar un nuevo reto, tú verás las señales. Si comprendes cómo y cuándo se desarrolla, podrás prepararte para cada nueva etapa y tener a la mano juegos y actividades adecuados para animarlo y satisfacer sus necesidades. De hecho, asegurar un entorno familiar divertido y estimulante es una de las cosas más valiosas que puedes hacer por él.

Los juegos que compartes con tu bebé también te acercan más a él y ayudan a desarrollar su autoestima y su sentimiento de seguridad, y le prueban que tú lo amas incondicionalmente por lo que es, no sólo por lo que hace.

De 6 a12 meses: etapas del desarrollo

En los próximos meses tu hijo dominará montones de habilidades nuevas y coronará muchas etapas importantes. Sin embargo, debes recordar que el momento en que estas etapas se alcanzan es diferente en cada bebé; después de todo, cada niño tiene su propio ritmo de desarrollo.

Habilidades de movimiento

A los 12 meses tu hijo ya debe poder:
- Sentarse sin apoyo
- Gatear, o algo similar
- Levantarse hasta quedar de pie
- Deambular, apoyándose en los muebles
- Sostenerse momentáneamente de pie sin apoyo
- Quizás dar dos o tres pasos por sí solo

Habilidades con las manos y los dedos

A los 12 meses tu hijo ya debe poder:
- Golpear dos bloques uno contra otro
- Comer solo con la mano
- Meter objetos en un recipiente y sacarlos
- Soltar los objetos que tenga en la mano cuando lo desee
- Señalar con el dedo
- Usar la pinza pulgar-índice para sostener objetos muy pequeños

Habilidades sociales y emocionales

A los 12 meses tu hijo probablemente:
- Llorará cuando te vayas
- Se aferrará a ti cuando se le acerquen personas extrañas
- Entenderá el significado de la palabra "no"
- Hará bromas
- Disfrutará imitando a la gente

Habilidades del lenguaje

A los 12 meses tu hijo ya debe poder:
- Balbucear
- Escuchar atentamente cuando le hablas
- Seguir órdenes sencillas
- Reconocer su nombre y otras palabras familiares
- Usar gestos como el de mover la cabeza para decir "no"
- Intentar imitar palabras

Habilidades intelectuales

A los 12 meses tu hijo ya debe poder:
- Encontrar con facilidad objetos escondidos
- Explorar de diferentes maneras los objetos (por ejemplo, golpeándolos o dejándolos caer)
- Comprender el concepto de causa y efecto (cuando agita la sonaja, ésta hace un ruido)
- Empezar a comprender cómo se usan los objetos (una taza, el cepillo, un teléfono)

De 6 a 7 meses

Transcurrida la primera mitad de su primer año de vida, tu hija está comenzando a mostrar mayor interés por el mundo que la rodea. Ahora que puede sentarse sola tiene una nueva perspectiva sobre su entorno; también es más sociable y recuerda sus rutinas diarias. Está desarrollando una verdadera conciencia de sí misma.

Desarrollo físico

El ejercicio continuo durante los últimos meses le ha ayudado a tu hija a desarrollar los músculos, el equilibrio y el control del cuerpo.

Agarra objetos

Cuando aprenda a sentarse y ya no necesite los brazos para apoyarse, tu hija tomará cualquier cosa que esté cerca y que le llame la atención, dándose vuelta y estirándose. Debes comprobar que siempre tenga a la mano algunos juguetes, objetos domésticos que no representen peligro o libros que la mantengan interesada. Pero no esperes demasiado: su capacidad de concentración apenas comienza a desarrollarse e incluso algo que nunca había visto antes la mantendrá atenta tan sólo unos minutos.

Coordinación ojo-mano

A medida que desarrolla la habilidad de prensión, tu hija podrá sostener con más firmeza los objetos, darles la vuelta para observarlos mejor y luego llevárselos a la boca, pasarlos de una mano a la otra y golpear dos objetos entre sí.

Cuando mejora la coordinación ojo-mano, puede agarrar una cuchara tan pronto como la tiene a la vista, y probablemente la volteará antes de alcanzar la boca. Intenta darle algo de tomar en una taza de dos orejas: no demorará mucho en saber usarla. Ya puedes empezar a

ofrecerle alimentos para que coma con la mano, como un pedazo de pan o un pastel de arroz. Al principio sostendrá la comida en el puño y hará esfuerzos por llevarse a la boca todo con la mano abierta. Más adelante aprenderá a agarrar trozos de comida y otras cosas con el pulgar y el índice. Nunca la dejes sola si tiene comida en la mano; vigila que no se atragante.

Se fortalece

Tu hija es cada vez más fuerte y querrá ejercitar los músculos y mostrar sus habilidades. Algunos bebés incluso intentarán, estando sentados, ponerse de pie, apoyándose en las manos de un adulto o en un mueble. Toda esta práctica prepara a tu nena para las siguientes etapas importantes: aprender a gatear, pararse y caminar.

Desarrollo emocional y social

Hasta ahora, los principales intereses en la vida de tu hija han sido la comida, el sueño y tú. Ahora comenzarás a ver brillar su personalidad.

Se vuelve sociable

Notarás que tu hija se vuelve más sociable porque busca la procedencia de las voces que escucha a su alrededor. También intentará participar en las conversaciones y responderá a tus charlas no sólo

Aprendiendo a sentarse

De tanto moverse, volverse, patear y estirarse durante los primeros seis meses, tu hija ya puede sentarse sola, por lo menos durante unos minutos o algo más. Estando sentada puede mirar más fácilmente a su alrededor, observar cómo van y vienen los miembros de la familia y alcanzar juguetes que la mantengan entretenida, aunque sólo sea por un rato.

YA SE SIENTA
Al principio es posible que use los brazos para apoyarse, pero no los necesitará mucho tiempo.

con balbuceos sino también con toda una gama de gestos. Obsérvala cuando se mira al espejo: aún no se da cuenta de que es ella misma, pero se interesa por el bebé que ve y hará sonidos en espera de una respuesta.

Amor por ti

Ahora que puede sentarse por sí sola, tu hija es mucho más feliz si la dejas por su cuenta, pero, como siempre, tú sigues siendo su juguete favorito. ¿Dejó caer de nuevo ese juguete y te llama a gritos para que vengas en su ayuda? Tal vez lo que busca en realidad no es el juguete, sino una oportunidad de sonreírte y jugar contigo.

El placer que tu bebé deriva de tu compañía indica que está formando un vínculo profundo y genuino contigo, la más importante de las personas que la cuidan. Hacia el fin de este mes notarás que si desapareces de su vista por un momento, su labio inferior empezará a temblar: teme que te hayas ido para siempre. Regresa antes de que esté bañada en lágrimas y verás cómo sonríe y salta de felicidad.

Conciencia de sí misma

Este apego cada vez más profundo se debe en parte a que ahora ella es consciente de ser una persona diferente de ti. Éste es un paso de suma importancia. Durante los próximos meses aumentará su ansiedad cuando se separe de ti y esto puede ser desconcertante, pero es normal y con frecuencia se prolonga hasta cuando ella empieza a caminar.

Entre tanto, también comenzará a crear vínculos con otras personas importantes en su vida: sus hermanos, su abuelita o su niñera, por ejemplo. Debes fomentar con delicadeza estas relaciones para ayudarle a adaptarse a estar sin ti cuando necesites que otra persona la cuide.

Actividades para desarrollar destrezas

Existen varios juegos que ayudarán a desarrollar las habilidades sociales y de coordinación física de tu bebé. Recuerda elogiarla siempre mientras juegas con ella.

★ A todos los bebés les encantan las burbujas. Si le permites reventarlas con las manos, le ayudarás a tu hija desarrollar la coordinación ojo-mano y a avanzar en su comprensión del concepto de causa y efecto. Atrapa una burbuja en la varita y sostenla frente a tu bebé para que pueda alcanzarla y reventarla. No olvides lavarle las manos después del juego para evitar que se restriegue los ojos con agua jabonosa.

★ Para fomentar el sentido de la diversión, hazle muchos juegos con saltos. Ponla sobre tus rodillas o en la cama y ayúdala a saltar y rebotar, haciendo que sostenga el máximo peso que pueda sobre sus piernas.

SALTOS Y REBOTES
Tu bebé se morirá de la risa al ser lanzada al aire para luego rebotar sobre tus rodillas o sobre una cama.

Habilidades intelectuales y del lenguaje

Tu hija ya está familiarizada con sus rutinas diarias y también puede recordar cosas que han sucedido antes: quizás empiece a reír antes de que le hagas cosquillas o de que le digas "buu".

¿Aún está ahí?

Tu hija también está aprendiendo sobre la "permanencia de los objetos". Hasta ahora, cuando algo desaparecía, ella pensaba que ya no

Cajón de juegos

Juguetes con sorpresas

Si compras algún juguete con animales que aparecen de pronto, puedes hacer los ruidos de cada animal y jugar con tu hija a las adivinanzas.

Burbujas

La mezcla para burbujas y una varita no cuestan casi nada y sí la divertirán en grande. Nunca permitas que tu bebé agarre la varita o la botella con el jabón.

Títeres en los dedos

Usa títeres blandos, con caras sencillas. Como tu bebé todavía no podrá sostenerlos, deben servir también para la mano de un adulto.

JUGUETES CON SORPRESAS
A esta edad, tu bebé sólo podrá hundir las figuras, pero quedará muy satisfecha por el hecho de hacer desaparecer algo por sí misma.

★ A esta edad, a tu bebé le encantarán los juguetes en los que aparece de pronto una sorpresa al hundir un botón o hacer girar un disco. Deja que ella los vuelva a acomodar para que desarrolle fuerza y coordinación en las manos y los brazos.

★ Estimula sus habilidades sociales con un grupo de amigos de juguete — puedes hacer títeres para los dedos con guantes viejos, poniéndoles ojos, orejas y boca. Muéstrale cómo cantan, bailan, le hacen cosquillas, le dan besos y conversan con ella.

La seguridad ante todo

Asegúrate de que todos los juguetes de tu hija cumplan las normas de seguridad establecidas y de que a ninguno se le desprendan las partes, porque tu bebé podría atragantarse con ellas.

existía. Hacia el fin de este mes, comenzará a darse cuenta de que el hecho de que ella no vea algo no significa que esa cosa no esté ahí. Puedes ver esto en acción si escondes un juguete bajo una toalla, dejando visible tan sólo una parte. Es probable que ella intente levantar la toalla para buscar el juguete. Dentro de un mes, lo buscará aunque esté escondido por completo.

Conversaciones

En estos días tu hija ya podrá reconocer su nombre y volverá la cabeza cuando escuche que la estás llamando. Cuando responda con balbuceos, comenzarás a notar que el ritmo y el tono de sus sonidos parecen una verdadera conversación y que le encanta encadenar los sonidos familiares, como "bababab" o "mamama".

De 7 a 8 meses

Tu hijo está muy unido a ti y ahora es mucho más afectuoso. Nunca está más feliz y más seguro que cuando está contigo, por lo cual puede volverse algo introvertido en ambientes no familiares o con personas que no reconoce.

Desarrollo físico

Ahora tu hijo puede rodar de lado fácilmente. También puede quedarse sentado por períodos bastante largos e inclinarse hacia delante sin caerse. Sin embargo, todavía no puede girar hacia los lados ni por la cintura, y con frecuencia se irá de bruces al intentar alcanzar un juguete. Consuélalo si llora, pero déjalo siempre intentar de nuevo.

Próximo a gatear

Aunque muchos bebés aprenden a gatear entre los ocho y los diez meses de edad, algunos no comenzarán a intentarlo sino unas semanas más tarde. Para gatear en forma adecuada, tu hijo necesita ser lo suficientemente fuerte como para impulsarse hacia arriba estando a gatas y luego descubrir que al empujar hacia abajo con las rodillas puede moverse hacia delante. Por lo general, los primeros movimientos de gateo son hacia atrás, y pueden pasar una o dos semanas hasta que él aprenda a avanzar hacia delante. Aliéntalo mucho cada vez que logre desplazarse, no importa en qué sentido.

Sobre los pies

Dentro de poco, permanecer sentado ya no será emocionante para tu hijo. Como siempre está en busca de nuevos retos, querrá pararse y hará su primer intento levantándose de la cuna, agarrado de las barandillas. Al principio se desplomará y gritará pidiendo ayuda – aún no ha desarrollado el equilibrio ni la coordinación para bajar lentamente. Cuando vengas al rescate, levántalo y permítele tranquilizarse para que se siente lentamente.

Desarrollo emocional y social

Tu hijo es muy afectuoso: te dará besos si lo animas a hacerlo, levantará los brazos para que lo alces, consentirá a sus muñecos. Le encantarán los niños mayores y buscará su compañía. Pero así como en un momento dado puede ser muy sociable, al instante siguiente puede mostrarse tímido.

Nuevas relaciones

Al encontrarte con personas que no conoce bien, tal vez notarás que tu hijo esconde la cara entre tus hombros, se aferra a ti y llora. Uno de los primeros pasos del desarrollo emocional es ponerse ansioso cuando se le acercan personas extrañas. La ansiedad ante los extraños es normal y puede durar hasta los dos años de edad. Socavarías su confianza si lo forzaras a ser amigable; más bien, alábalo las veces que sí sonríe. También es conveniente sugerir a esas personas, extrañas para él, que le den un trato amable y se le acerquen poco a poco.

Ansiedad por la separación

Hacia esta edad también es probable que tu hijo manifieste más apego a ti y se ponga a llorar cuando te vas. Tranquilízalo dándole mucho afecto físico y, con el tiempo, ¡aprenderá que los padres siempre vuelven!

Coordinación de los dedos

Ya tu bebé podrá agarrar los objetos usando todos los dedos, no sólo la palma de la mano. Su prensión también se habrá desarrollado bastante y ahora es lo suficientemente fuerte y controlada como para que el niño pueda, por ejemplo, rasgar un papel. De igual manera, le encantará golpear todo lo que pase por sus manos y disfrutará escuchando el ruido que hace. Todavía le gusta llevarse los objetos a la boca.

DESTREZA EN LOS DEDOS
Deja que tu niño agarre varios objetos de diferentes formas.

Habilidades intelectuales y del lenguaje

Tu hijo puede comunicarse bien mediante gestos. Su capacidad de concentración todavía no es muy grande, pero él no ha abandonado la misión de explorar todo lo que pueda poner en sus manos.

Gestos y expresiones

Notarás que su comprensión del lenguaje se está desarrollando más rápido que su capacidad para hablar. Tu hijo está comenzando a responder a los nombres de objetos y personas familiares; por ejemplo, vuelve la mirada hacia un juguete que tú acabas de mencionar o mira a su hermana cuando tú pronuncias su nombre.

Aún falta un tiempo para que entable una verdadera conversación, pero tiene muchas maneras de hacerte saber lo que está pensando. Por ejemplo, a esta edad los gestos empiezan a formar parte de su repertorio: abre y cierra la mano cuando quiere algo, mueve la cabeza o te empuja si estás haciendo algo que no le gusta, o intenta despedirse con la mano. Si observas su cara, verás que sus expresiones reflejan diversas emociones.

¿Primeras palabras?

A esta edad, tu hijo reconoce su nombre y tal vez comprende el significado de algunas palabras y reacciona al escucharlas. A medida que practica el balbuceo, sus "conversaciones" de cadencia simple empezarán a parecer palabras de verdad, como "papá" o "mamá"; si lo estimulas bastante, pronto aprenderá a pronunciarlas bien.

Compara sonidos

Cerca de esta edad se completa el recubrimiento de un nervio que conecta el oído con el cerebro y le permite a tu bebé localizar el origen de los sonidos. Ahora puede comparar sus sonidos con los tuyos, y durante los próximos meses hará cada vez más intentos por imitar te.

Territorio de exploración

Apenas tu hijo pueda dirigirse en la dirección que él escoja, lo encontrarás metido en todas partes: en los armarios, los cajones y las papeleras. Tiene una infinita curiosidad por descubrir más acerca de las formas, tamaños y texturas. Si bien ya puede usar las manos con excelentes resultados, todavía se llevará las cosas a la boca, de modo que te conviene adecuar tu casa para garantizar su seguridad (ver págs. 32-33).

¡Sé que estás ahí!

Cada día tu hijo aprende algo más sobre los objetos. Ahora comienza a ver cómo se relacionan las cosas entre sí: cómo, por ejemplo, una caja pequeña cabe dentro de una grande. Sobre todo, está aprendiendo que algo puede seguir existiendo aunque él ya no lo vea. Si intentas el mismo experimento del mes pasado (esconder parcialmente un juguete bajo una toalla; ver pág. 43), pero esta vez cubres totalmente el juguete, él mismo levantará la toalla para encontrarlo.

Cajón de juegos

Pilas de tazas de plástico

Puedes comprarle tazas de diferentes tamaños en colores fuertes, que quepan las unas dentro de las otras.

Juguetes que hacen ruido

A los bebés les encantan los sonidos y ruidos que hacen los juguetes. También les gusta mucho escuchar repetidas veces una melodía particular. Cómprale a tu hijo juguetes que pueda agarrar con facilidad y que logre poner en funcionamiento por sí mismo.

Casetes

Si a tu bebé le gusta escucharte cantar, grábale algunas canciones o hazlo escuchar un 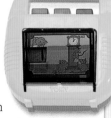 casete con canciones infantiles en los ratos en que esté tranquilo. Otros miembros de la familia, como los abuelos, también pueden grabarle cuentos y canciones.

Actividades para desarrollar destrezas

Tu bebé ya sabe que tiene una infinita curiosidad, que necesita satisfacerla y que le urge explorarlo todo. Invéntale varias actividades que lo mantengan ocupado por un rato, o ayúdale a descubrir cómo gatear hasta donde están los juguetes que le interesan.

★ Para satisfacer su deseo de descubrir nuevas cosas, reserva para tu hijo un cajón o un armario en la cocina, lleno de objetos domésticos seguros pero interesantes (ver más abajo). Así tendrá la oportunidad de explorarlos cuando lo desee y aprenderá algo más sobre la forma, el tamaño y la textura de las cosas. Si ves que empieza a cansarse de esos objetos, haz algunos cambios para reavivar su curiosidad.

DESCUBRIMIENTO DE OBJETOS DOMÉSTICOS
Permite que tu bebé juegue con objetos seguros, tales como tazas de medidas, un colador y cucharas de plástico.

La seguridad ante todo
Comprueba que los juguetes de tu bebé cumplan con las normas de seguridad vigentes y nunca le des objetos pequeños que pueda llevarse a la boca, pues corre el riesgo de atragantarse.

★ Para que tu bebé aprenda más sobre la relación entre los objetos, dale algunas tazas de plástico que encajen las unas dentro de las otras y tengan diferentes colores, tamaños y formas. Es probable que aún no pueda ensamblarlas correctamente, o apilarlas, pero disfrutará intentándolo. Si sientes que necesita un cambio, puedes construirle una torre y pedirle que la eche abajo… ¡ese juego le encantará!

★ Cantar con él sus canciones favoritas y darle juguetes musicales o que hagan ruidos le ayudará a practicar las habilidades auditivas. Si le das juguetes apropiados para su edad, de los que chillan al apretarlos, también contribuirás a desarrollar aún más sus destrezas para manipular objetos.

★ Hay muchas maneras de enseñarle a tu bebé a gatear: dale la oportunidad, poniéndolo sobre el piso cuantas veces puedas. Protege siempre sus rodillas para que no le duelan ni se sienta incómodo; pon algo interesante cerca de él, pero fuera de su alcance: esto lo animará a desplazarse hacia delante para agarrarlo.

PRÓXIMO A AVANZAR
Si pones un juguete cerca de tu bebé pero fuera de su alcance, pronto verás cómo él intenta desplazarse por el piso hasta alcanzarlo.

De 8 a 9 meses

La personalidad de tu hija está comenzando a florecer y, a medida que ella sigue desarrollando sus destrezas físicas y adquiere más confianza en sí misma, intentará hacer valer su voluntad cuando quiera algo.

Desarrollo físico

Ahora tu hija ya puede permanecer sentada durante un rato, e inclinarse para recoger un juguete, sin irse de bruces. Pero no esperes que juegue así por mucho tiempo; el esfuerzo físico que debe hacer para mantener el equilibrio le causa fatiga, así que a los 10 minutos estará lista para un cambio.

Se mueve rápidamente

Una vez que tu hija descubre cómo moverse, ya sea gateando, o de pie agarrándose de los muebles, empezará a hacerlo muy rápidamente. Si hace un momento la viste, ahora no sabes adónde se fue; tendrás que vigilarla y asegurarte de que no haya peligros.

Dominio de las manos

Como ya deja de llevarse las cosas a la boca y pasa más tiempo explorándolas con las manos, los movimientos de las manos se vuelven más ágiles y controlados. Notarás, por ejemplo, que empieza a pasar sola las páginas de su libro, aunque por lo general de a varias al mismo tiempo. Y ahora podrá llevarse con los dedos la comida a la boca, de modo que no habrá tanto desperdicio. También podrá golpear dos objetos entre sí; verás cuánto se divierte jugando con un tazón de plástico y una cuchara de palo.

Se sostiene de pie

Si ya logró hacerlo una vez, tu hija insistirá en ponerse de pie apoyándose en ti o en un mueble. Inicialmente se aferrará con fuerza y con las dos manos hasta que tenga confianza para sostener todo su peso sobre los pies. Si ves que se apoya en las puntas de los pies, no te preocupes; esto es normal. Con el tiempo usará los pies completos.

COMPRUEBA LA SEGURIDAD
Revisa que no haya muebles inestables que puedan caerse. Si sufre muchos accidentes, podría minarse su confianza.

Señala con el índice

Ésta es una etapa importante. El control del dedo índice es el primer paso para empezar a usar la prensión en forma de pinza: juntar el pulgar y el índice para tomar objetos pequeños. También le ayuda a comunicarse contigo, puesto que ya puede mostrarte lo que quiere, señalándolo. Cuando mires un libro con ella, señala las cosas a medida que las nombras. Haz que ella se ejercite agarrando cosas pequeñas, como uvas pasas o bolitas de pan.

Desarrollo emocional y social

Tu hija ya tiene su propio carácter. Sabe qué le gusta y qué le disgusta, y puede protestar si te llevas un juguete o pedirte que repitan el mismo juego.

Expresa su voluntad

A medida que va desarrollando la conciencia de sí misma, tu hija será más voluntariosa y muchas de las actividades diarias se convertirán en un duelo de voluntades. Notarás que arquea la espalda si no quiere que la pongas en la silla del automóvil, o que mueve la cabeza si intentas darle de comer algo que no quiere.

Si te parece frustrante este comportamiento, recuerda cuán fácil es distraer a tu pequeño manojo de energía. Su memoria es corta y un juguete divertido o un pensamiento rápido pueden hacerle cambiar de interés. Si no le gusta que la vistas, cántale una canción divertida para que olvide lo que la hizo rabiar, o intenta hacerla pensar en lo que ella sí puede hacer, no en lo que le causa dificultades.

Demostraciones de frustración

Tu hija puede sentirse frustrada si no alcanza un juguete que quiere, por ejemplo. Aunque es difícil no salir corriendo a entregárselo para que esté feliz, conviene que le des más tiempo y la alientes a que descubra cómo alcanzarlo por sí misma.

Buen comportamiento

Ya tu hija reconoce la palabra "no" y la asocia con un gesto de disgusto en tu rostro. Esto no significa que ella dejará de hacer lo que está haciendo, pero es el momento de que empiece a aprender, si está en peligro, por ejemplo, o si le está haciendo daño a un amigo o a su hermano. A esta edad su memoria es todavía muy corta, de modo que debes prepararte para repetir la misma cosa una y otra vez.

Sin embargo, a tu nena le encanta verte sonreír. Si la felicitas cuando se porta bien, o si le das besos y abrazos cuando hace algo positivo, se verá motivada a hacer las cosas que a ti te gustan y, de paso, fomentarás su buen comportamiento.

Habilidades intelectuales y del lenguaje

Para ayudarle en la comprensión del lenguaje, descríbele y muéstrale todo lo que haces.

Reconocimiento de palabras

Hacia finales de este mes, tu hija podrá reconocer hasta 20 palabras familiares, tales como "osito" o "vaso". También se reirá oportunamente cuando le cantes su canción favorita, buscará su vaso si le preguntas dónde está y asociará algunas acciones con ciertas

Actividades para desarrollar destrezas

Por esta época tu bebé empezará a mostrar sus habilidades para resolver problemas... ¡siempre y cuando tú te resistas a ayudarle cuando tenga una dificultad! Si la dejas hacer frente a los retos de cada día, estará aprendiendo a encontrar ella misma las soluciones.

★ Cuando tu nenita empiece a desplazarse, ponle alrededor una montaña de almohadas para ayudarle a desarrollar las habilidades de gateo. Escóndete detrás o usa un juguete para que ella trepe por las almohadas. Al hacerlo sentirá una profunda satisfacción, desarrollará la fortaleza corporal, el equilibrio y la coordinación. Además, se preparará para subir escaleras.

La seguridad ante todo

No dejes solo a tu bebé; podría perder el equilibrio y hacerse daño. Tampoco lo dejes solo dentro o cerca del agua.

CARRERA DE OBSTÁCULOS
Un juego en el que puedes acompañar a tu bebé cuando empieza a gatear es trepar por encima de almohadas. Ambas estarán en el piso y se divertirán.

★ Un tablero de actividades servirá para satisfacer su urgente necesidad de explorar, y para fomentar su creciente habilidad para resolver problemas. Elige un tablero que tenga cilindros móviles, discos giratorios y botones. Muéstrale cómo funciona y déjala que investigue por su cuenta. Al principio sólo podrá hacer las actividades simples, como meter el dedo en un disco, pero en los próximos meses descubrirá cómo funcionan las demás actividades.

★ A esta edad, el juego del escondite le ayuda a tu bebé a aprender sobre la permanencia de los objetos. Hay muchas variaciones. Cubre tu cabeza con una toalla y deja que ella la retire; después, permite que lo intente por sí misma. Escóndete detrás de la puerta, mostrando sólo una mano o un pie, antes de salir por sorpresa.

palabras, como el movimiento de la mano para decir "adiós".

Sus balbuceos se desarrollan cada vez más y va agregando nuevos sonidos a su vocabulario, como "ti" y "ua". También intentará imitarte cuando tosas, por ejemplo.

¡Mira lo que puedo hacer!

Tu hija siempre está aprendiendo sobre el concepto de causa y efecto: cada vez que deja caer un juguete desde su silla, tú apareces para recogerlo… ¡uno de sus juegos favoritos!

Cajón de juegos

Juguetes con botones

Si tu hija tiene juguetes con sorpresas o con botones para hundir, anímala a que practique hundiendo los botones y soltándolos.

Objetos domésticos

Cuando estés ocupada en la cocina, puedes darle algunos utensilios seguros y sencillos, que no estén usados, para que juegue con ellos: una sartén, un tazón de plástico y una cuchara de palo.

Piano de juguete

Un piano o un xilófono de juguete le servirán por mucho tiempo. Por ahora, disfrutará con los sonidos que logre producir al azar y desarrollará sus habilidades auditivas.

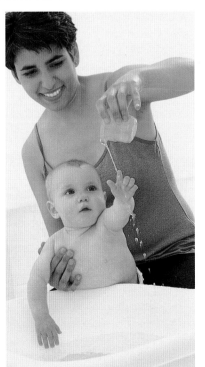

★ Llena una bañera con agua y, usando diferentes cucharas y tazas, muéstrale cómo puedes llenar y vaciar. Estos juegos le ayudan a practicar los movimientos de las manos y a desarrollar la coordinación ojo-mano. Los juegos con agua son excelentes a la hora del baño.

★ Aprender a escuchar diferentes sonidos le ayudará a desarrollar las habilidades auditivas y, más adelante, contribuirá al progreso del lenguaje. Si tocas una melodía familiar en un xilófono o un piano de juguete y ella la reconoce, despertarás su interés y la motivarás a crear sonidos propios.

JUEGOS CON AGUA
Jugar con agua es una excelente manera de divertirse. Siempre debes supervisar el juego y sostener a tu bebé suavemente, pero con firmeza.

RUIDOS CURIOSOS
Aunque le falta aún coordinación para jugar con el xilófono, es bueno que comience a escuchar los ruidos que ella misma hace.

De 9 a 10 meses

A esta edad, tu hijo está disfrutando enormemente todas las actividades y juegos contigo y con otros miembros de la familia. Su capacidad para entender el lenguaje mejora a pasos agigantados y está comenzando a hacer un esfuerzo real para comunicarse contigo.

Desarrollo físico

Como tu hijo ahora pasa más tiempo en posición vertical, los juegos le resultan más divertidos porque puede ver y manipular los juguetes con mayor facilidad.

Sube escaleras

Si ya sabe gatear bien, seguramente estará intentando maniobras más desafiantes, como subir escaleras. Este ejercicio le enseñará a juzgar la altura y la profundidad y desarrollará su sentido del equilibrio. De todos modos, por razones de seguridad, es importante que instales puertas para evitar que lo intente solo. Subir la escalera es más fácil que bajarla y aún falta tiempo para que el niño adquiera las habilidades necesarias para bajar sin correr peligro.

Deambula

Puede que tu hijo ya esté intentando dar unos pasos apoyándose en algún mueble. Aprender a "deambular" de este modo es la última habilidad física que necesita dominar antes de comenzar a caminar sin ayuda. Si logra alcanzar uno de sus juguetes favoritos atravesando la habitación por sí solo, no olvides felicitarlo efusivamente.

Dedos y manos

Tu hijo ya domina la pinza pulgar-índice que le permite agarrar las cosas con precisión. Por ejemplo,

Capacidad de concentración

El sentido del mundo que lo rodea crece rápidamente. Ahora tu hijo se percata de las personas y cosas que están a una distancia de tres metros. Al mismo tiempo, su capacidad de concentración ha aumentado: pasa más tiempo absorto en actividades que le causan placer y será más difícil distraerlo cuando, por ejemplo, necesites quitarle algo de las manos.

ABSORTO EN EL JUEGO
La capacidad de concentración de tu bebé mejora constantemente, lo cual le permite jugar con sus muñecos durante períodos un poco más largos.

ahora le es mucho más fácil comer solo y puede tomar cualquier cosa que desee porque ya su coordinación ojo-mano está bien desarrollada. Esta destreza manual significa que ya puede usar los juguetes con el propósito con que están diseñados – meter y sacar bloques de una caja, por ejemplo –, pero le sigue gustando el juego de dejar caer las cosas al suelo: ¡él las deja caer, tú las recoges!

Visión

Desde que nació, tu hijo ha estado afinando sus habilidades visuales. Ahora puede juzgar el tamaño de un objeto que esté alejado de él hasta un metro. Ya sabrá, por ejemplo, que una pelota que rueda desde esa distancia se verá más grande a medida que se le acerca.

Observa cómo estira los brazos para alcanzarla. Pídele que te la devuelva rodando; al principio la hará dar vueltas, en vano, pero después logrará su objetivo.

Desarrollo emocional y social

Probablemente tu hijo ya está familiarizado con sus rutinas y disfruta las actividades familiares, como la hora de la comida. Además, ya se ha convertido en una excelente compañía y tal vez en este mes te haga su primera broma. Sin embargo, es posible que por estos días aparezcan algunos miedos nuevos.

Actividades para desarrollar destrezas

Tu bebé ya está más alerta y es más consciente de lo que sucede a su alrededor. Es hora, pues, de conseguir algunos elementos para jugar en la casa, como una bola grande de plástico y un túnel plegable. Debes ayudarle también a mejorar la motricidad fina permitiéndole que manipule y explore objetos inofensivos.

★ Por estos días, tu bebé está empezando a distinguir los ruidos que hacen los animales; puedes ahora incluir en tu repertorio canciones que incluyan animales, mirar con él libros de animales e imitar sus ruidos. Cuando haya aprendido a imitar muchos ruidos de animales, su éxito lo animará a copiar también otros sonidos.

★ Si a tu bebé le agrada pasar objetos de un recipiente a otro, puedes fabricar una caja sorpresa llena de objetos interesantes e inofensivos que él podrá explorar, sacar y volver a meter. Para hacer el juego más interesante, puedes envolver en papel algunos objetos; él disfrutará rompiendo el papel para ver qué esconde el paquete. Nunca dejes solo a tu bebé cuando esté jugando con papel, pues podría llevárselo a la boca y atragantarse.

★ Para satisfacer su necesidad de explorar con las manos y estimular su sentido del tacto, dale un libro de actividades que contenga imágenes y formas hechas con diferentes texturas.

★ A esta edad, los bebés sienten curiosidad por el espacio: es un placer para ellos gatear detrás de los sofás o alrededor de las sillas. Tal vez

PASAR TIEMPO JUNTOS
Compartir una actividad es una excelente oportunidad para que los padres se relacionen con sus hijos, más aún si el padre o la madre le explican cosas al bebé y lo estimulan.

a tu bebé le guste, entonces, gatear a lo largo de un túnel. Puedes echar a rodar hacia él un balón dentro del túnel para que vea cómo funciona. Cuando tenga más confianza, querrá que lo persigas por el túnel o lo usará para esconderse.

★ Un paseo diario al parque o a un sitio de juegos es una buena oportunidad para estar juntos. También sirve para estimular su sentido de orientación espacial y sus habilidades visuales, cuando le señalas cosas.

TÚNEL PLEGABLE
Si compras un túnel plegable, verifica que todos los alambres estén bien cubiertos y sellados. Por lo general, estos túneles son muy livianos.

Sentido del humor

Las primeras risas de tu hijo eran provocadas tal vez por juegos físicos, como cuando lo hacías galopar sobre tus rodillas o lo elevabas en el aire, y más tarde por bromas visuales, como cuando agitabas tu pelo o te ponías su babero de sombrero. Ahora que se mueve mejor, te tomará el pelo con cosas que a ti no te gustan, como entrar por una puerta prohibida y mirar hacia atrás para ver si tú estás observando, o accionar el botón para apagar el televisor. Quizás también disfrute haciendo alarde ante ti de cosas como, por ejemplo, ponerse el plato sobre la cabeza.

Nacen los miedos

Ésta es la época en que tu hijo puede desarrollar miedos por cosas que nunca antes le habían preocupado, como el ruido de la aspiradora, por ejemplo. Si notas que está asustado por algo, conserva la calma, consiéntelo y asegúrale que nada malo va a pasar. Deja que se familiarice poco a poco con el objeto que le produce miedo; por ejemplo, permítele que examine la aspiradora cuando esté apagada. Maneja el asunto paso a paso y verás que en su momento él dominará sus miedos.

Habilidades intelectuales y del lenguaje

Tu hijo ya se comunica más y te está haciendo saber que él es un miembro importante de la familia y que tiene algo que decir.

Participa en las conversaciones

A tu hijo le agrada relacionarse con las personas y se sentirá feliz en las reuniones sociales. Intentará participar en los diálogos e incluso iniciará él mismo una conversación. Por esta época, sus balbuceos encadenados siguen claramente el ritmo de altos y bajos de una conversación entre adultos y, aunque nada de lo que dice tiene todavía sentido, es importante que lo escuches y le contestes para que se sienta motivado a continuar.

Sonidos nuevos

Es probable que tu hijo esté empezando a usar fragmentos de palabras que parecen relacionarse con cosas específicas, como "pe" para "perro" o "ba" para baño, por ejemplo. Las palabras completas no aparecerán antes de dos meses, pero es importante que intentes entender lo que dice tu hijo, o las palabras que inventa, y que le repitas lo que has entendido, pues de este modo le estarás enseñando a pronunciar más tarde esas palabras. Además, es probable que sea un gran placer para él verte intentar entender los sonidos que hace.

Comprensión del lenguaje

La comprensión del lenguaje sigue desarrollándose más rápidamente que su capacidad para hablar. Por ahora hará gestos y sonidos para llamar tu atención – saludándote con la mano o jalándote de la ropa, por ejemplo – e incluso él mismo repetirá lo que está tratando de decir si tú no le entiendes.

Cajón de juegos

Objetos domésticos

Un bebé se divierte con objetos muy simples. Por ejemplo, tal vez le agrade sacar una naranja de una caja de cartón y volverla a meter, o sacar la ropa seca de una canasta y meter allí sus juguetes o un muñeco.

Libros con texturas

Los libros de actividades le darán a tu bebé una perspectiva diferente del mundo. Elige varios libros con ilustraciones llamativas, imágenes claras y texturas interesantes.

De 10 a 11 meses

Si tu hija ya está pasando más tiempo de pie, tal vez se esté empezando a comportar como los bebés que ya caminan. Además, ya se siente más grande: quiere ayudarte en la casa y es una alegre compañera para ti.

Desarrollo físico

A esta edad, los progresos en el desarrollo físico varían mucho de un bebé a otro: algunos están gateando, otros apenas han comenzado a sentarse. No te preocupes si tu hija avanza lentamente, ya hará todo a su propio ritmo.

Se inclina y gira

El equilibrio de tu hija ha mejorado tanto que ya puede inclinarse hacia los lados cuando está sentada, sin volcarse, y girar completamente para alcanzar algo que está detrás de ella. Estas habilidades le permiten tomar por sí misma las cosas que quiere.

Se sostiene de pie

Los bebés que han aprendido a gatear pronto tal vez ya estén pasando mucho tiempo de pie y deambulando confiados por la casa. Incluso es posible que tu hija intente soltar el apoyo que usa y permanecer de pie unos segundos sin ayuda. Prepárate para unos cuantos moretones y chichones, y tranquilízala si se cae. Pronto hará su primer "solito" y, mientras tanto, se dedicará a perfeccionar el equilibrio y la coordinación.

Desarrollo emocional y social

Tu hija tiene muchos deseos de participar en las tareas domésticas,
le agrada estar con otros bebés y es probable que esté empezando a sentir un cariño especial por algún objeto.

Te imita

Tu bebé ya comprende su mundo mejor que nunca y quiere participar en todo lo que sucede a su alrededor. Si te ve ocupada limpiando su silla después de una comida o barriendo el piso, querrá hacerlo contigo, y también tratará de imitarte cuando te cepilles el pelo o te laves la cara.

Tal vez intente ayudarte a vestirla, deslizando el brazo por la manga o alcanzándote sus zapatos para que se los pongas. No olvides contarle qué estás haciendo y explicarle por qué lo haces. Dale una oportunidad de que lo intente ella misma, aunque no esperes que siempre lo haga bien: ¡muchos bebés han intentado cepillarse el pelo con el cepillo de dientes!

Hace amigos

A tu hija le encantará ver a otros niños de su edad. Si la dejas en el piso junto a otro bebé, jugará con él alegremente, pero tampoco esperes que haya mucha interacción entre ellos. Por ahora, el solo hecho de sentarse al lado de otro bebé es bueno para tu hija. Puede aprender mucho con sólo mirar a los demás niños, y sentirse cómoda en compañía le ayudará a comenzar el aprendizaje de hacer amigos.

El cariño hacia ciertos objetos

Muchos bebés de esta edad sienten un cariño especial por determinado objeto, como una manta o un juguete blando, que llevan a todas partes. Conocido como "objeto de transición", éste ocupará un lugar especial en la vida de tu niña: la ayudará cuando esté cansada y la reconfortará si está triste, en especial

Dominio de las manos

Tu hija ya domina sus manos y puede hacer muchas cosas por sí misma. Por ejemplo, puede pasar las páginas de un libro, si son gruesas, de una en una; sabe encajar bloques de formas diferentes en huecos con formas correspondientes o hacer rodar una pelota en dirección tuya si la animas a hacerlo.

Y podrá no sólo entregarte un objeto, por ejemplo un bloque, si se lo pides, sino también soltarlo en tu mano a voluntad .

EL ARTE DE SOLTAR
Dominar el arte de soltar las cosas le permite a tu bebé colocar los objetos donde desee.

si tú no estás con ella. Esto les ocurre sobre todo a los bebés que aún están experimentando la ansiedad por la separación.

Es probable que durante un tiempo más tu bebé siga usando su objeto de transición para tranquilizarse; lo abandonará gradualmente cuando encuentre otra forma de manejar sus tristezas. Mientras tanto, trata de conseguir otro objeto idéntico para tener un reemplazo en caso de extravío o si tienes que lavarlo.

Habilidades intelectuales y del lenguaje

En este momento hay una buena comunicación entre tú y tu hija. Ahora que ya casi tiene un año, su comprensión acerca de su mundo inmediato se está desarrollando rápidamente.

Reacciona a preguntas

Puede que tu hija todavía no diga muchas cosas, pero su comprensión del lenguaje y la comunicación aumentan con rapidez. Ya entiende preguntas sencillas como "¿Dónde está tu vaso?" y tal vez conteste señalando o mirando en dirección al vaso. Si le haces una pregunta sencilla como "¿Quieres tomar algo?", quizás conteste con una sonrisa y se dirija hacia donde está el vaso.

Para los hermanos o hermanas mayores, esta época también puede ser muy reconfortante, ya que también pueden empezar a interpretar lo que tu bebé está tratando de expresar.

Actividades para desarrollar destrezas

A los once meses de edad, tu nenita se interesa más por el modo como se mueven sus juguetes, como encajan uno con otro o como hacen ruido. El desarrollo de las habilidades manuales le permite poner los objetos donde ella quiere. Las actividades que realice ahora deben ayudarle a mejorar estas destrezas.

★ Como ya puede soltar los objetos cuando lo desea, tal vez disfrute con un simple juego de introducir objetos por agujeros.

Puedes empezar con una versión hecha en casa. Le abres un hueco redondo a la tapa de una caja de zapatos y le das a tu bebé una bola de ping-pong para que juegue a introducirla por el hueco.

Si le gusta, intenta abrir otro hueco, esta vez cuadrado, y dale un bloque para que juegue a hacerlo pasar por ahí. El ejercicio será más difícil con el bloque que con la bola.

Si ves que necesita un reto mayor, cómprale un juego similar más complejo.

SOLTAR
Al coordinar mejor las manos, tu bebé puede colocar los objetos donde ella desee. Un buen ejercicio en este momento es ensartar aros de plástico en un tubo.

Entiende conceptos

A medida que se desarrollan sus capacidades intelectuales, observarás que para el bebé adquiere más sentido su mundo inmediato.

En esta época, cuando ve la imagen de un perro en su libro, tal vez la relacione con el perro del abuelo o con el que vio en el parque, y empezará a darse cuenta de que todos los perros en realidad son perros, aunque cada uno se vea diferente. También comenzará a captar la idea de los opuestos.

Cajón de juegos

Juegos de encajar

Deben ser resistentes e incluir formas simples y fáciles de reconocer. Asegúrate de que las piezas no sean muy pequeñas para que tu bebé no se las pueda llevar a la boca.

Libros de cartón

Los libros de actividades le darán a tu bebé una nueva perspectiva del mundo. Elige libros resistentes, con ilustraciones llamativas y claras.

Teléfono de juguete

Los juguetes que imitan objetos reales, como este teléfono, le agradarán mucho a tu bebé, sobre todo si hacen ruidos.

★ Cuando tu bebé aprenda a pasar las páginas de un libro, asegúrate de que tenga muchos, en especial de cartón. Reserva un tiempo para mirar con ella sus libros, de modo que éstos empiecen a formar parte de su vida diaria.

★ Fomenta su interés por el mundo adulto con juguetes que imiten objetos reales, como un teléfono de juguete. Imitarte es el primer paso de tu bebé hacia la fantasía o el juego imaginativo y, al nombrar los objetos con los que está jugando, le ayudas a mejorar sus habilidades de lenguaje.
★ Enséñale a construir una torre usando bloques, libros, tazones o incluso vasos de plástico. Tal vez todavía no pueda construir una torre con objetos, pero el hecho de derribarlos ella misma le dará una increíble sensación de poder, y una verdadera comprensión del concepto de causa y efecto.

LIBROS PARA LA VIDA
Los libros son una fuente invaluable de interés y aprendizaje para los niños, aun a esta edad, y resulta muy placentero leerlos en compañía.

Con la ayuda de tus explicaciones, entenderá la diferencia entre húmedo y seco, caliente y frío, grande y pequeño, adentro y afuera.

Relaciona objetos con hechos

Ya tu hija ha desarrollado bastante la comprensión del concepto de causa y efecto. Ahora sabe exactamente qué pasará si golpea su tambor (hace un ruido) o si deja caer un bloque (¡tal vez tú lo recojas!).

También está comenzando a establecer correspondencia entre los objetos y su uso. Por ejemplo, se pondrá el teléfono de juguete junto a la oreja, lo mismo que tú con un teléfono real, o tomará la esponja del baño y se lavará la cara con ella. Se trata de un paso importante, ya que este conocimiento le servirá cuando empiece a establecer la correspondencia entre lo que dice y los objetos sobre los que desea hablar.

De 11 a 12 meses

Al acercarse su primer cumpleaños, mirarás con asombro los increíbles cambios que han ocurrido. Tu hijo es ahora un pequeño individuo con una personalidad única, emociones propias y un profundo sentido de sus rutinas diarias y del lugar que ocupa en la familia. Rebosa de vida y energía, está lleno de amor y afecto para quienes lo rodean, y estar con él es una verdadera dicha.

Desarrollo físico

En este mes tu hijo intentará permanecer de pie e incluso dar sus primeros pasos sin apoyo. Pero no olvides que la velocidad del progreso físico de tu bebé depende de su desarrollo individual y no debes, por lo tanto, compararlo con otros niños.

Primeros pasos

Hacia finales de este mes, es probable que tu hijo dé sus primeros pasos. ¡Será muy emocionante! Si ya ha desarrollado un buen equilibrio mientras deambula agarrado de los muebles, tal vez se suelte ocasionalmente, aferrándose a algo sólo si se tambalea. Cuando llegue a esta etapa, anímalo para que camine hacia ti, o agranda el espacio entre un mueble y otro.

Al principio dará tan sólo uno o dos pasos antes de caerse. Aliéntalo para que lo intente de nuevo y verás que pronto dará más y más pasos por sí solo. Separa un poco más los muebles para ayudarle a ganar confianza. No olvides que cada bebé avanza a su ritmo: algunos sólo caminan hacia los 13 ó 14 meses, y otros esperan incluso hasta los 18 meses para hacerlo.

Come solo

Tu hijo ya domina mucho mejor los movimientos de las manos y ejecuta con más precisión cada cosa que hace con ellas. Por ejemplo, ya no tiene dificultad para comer con las manos. El uso de la cuchara es un poco más difícil, pues requiere, además de un buen control muscular, la coordinación ojo-mano. Pero como ya puede girar la mano, le es más fácil llevarse la comida a la boca; eso sí, todavía la derramará.

Es importante enseñarle a comer solo porque a veces se negará a que alguien diferente de ti le dé la comida, y porque no debe depender sólo de ti para alimentarse. Sin embargo, aún es muy pronto para delegar en él esta responsabilidad por completo: es probable que empiece con entusiasmo cada comida, pero pronto se distraerá y tendrás que intervenir para asegurarte de que coma suficiente.

Arroja objetos

La exploración de objetos diferentes sigue siendo una de las actividades favoritas de tu hijo, pero tal vez ya no se lleve todo a la boca. Ahora le parece más importante sentir cada objeto en las manos y experimentar más y más con ellas. Por ejemplo, intentará sostener más de un objeto a la vez con una mano – digamos, dos bloques –, aunque por un tiempo se le caerá uno, o quizás ambos. Como el mes pasado descubrió el modo de soltar las cosas a propósito, ahora se divierte arrojándolas deliberadamente.

Desarrollo emocional y social

Como tú eres la persona más cercana a él, sigues siendo su primer amor y el verdadero centro de su vida, pero a esta edad también le agradará estar con otras personas, en especial con otros niños y con sus hermanos.

Otros bebés

Es un buen momento para relacionarlo con otros bebés y niños más grandes, en particular si no

La relación entre tú y tu bebé

Tu hijo es muy amoroso contigo, te colma de abrazos y, cuando quiere, responde a tus besos. También puede actuar de manera egoísta, pues cree que no hay nada más importante que él cuando se trata de llamar tu atención. Al mismo tiempo, su sentido de independencia va aumentando y su deseo de explorar hará que no se quede contento en tus brazos por mucho tiempo.

tiene hermanos y hermanas. Seguirá queriendo estar cerca de ti, pero le fascinará observar e imitar a los niños que están a su alrededor. Sin embargo, no esperes que a esta edad participe activamente, se integre o comparta con los demás. Tu hijo todavía piensa que el mundo gira en torno suyo y, aunque estará feliz jugando con los demás niños, asumirá de manera natural que todos los juguetes están ahí para él. Pasará un año o más hasta que comprenda las razones por las cuales debe compartir.

Buenos modales

Aunque a esta edad tu hijo no entiende por qué debe tener buenos modales ni cuáles son éstos, le gusta imitar a los demás. Aprender la forma como tú y sus hermanos se comportan le ayudará más adelante a relacionarse con otras personas. Aun antes de apren-

der a hablar, puede familiarizarse con algunos rituales sociales, como decir adiós moviendo la mano. Y si te oye hablar cortésmente, es más probable que él también lo haga cuando empiece a hablar.

Habilidades intelectuales y del lenguaje

Tu hijo se ha venido preparando de muchas maneras diferentes para hablar, y su mayor capacidad de concentración le ayudará con esas primeras palabras. También su memoria ha mejorado muchísimo.

Se prepara para hablar

La mayoría de los bebés todavía están experimentando con sonidos mientras se alistan para hablar. Por esta época ya pueden usar casi todas las vocales y consonantes. Si tu bebé ya dejó de babear, es un signo de que está controlando mejor

la lengua, la boca y los labios. Es probable que esté tratando de imitar la última palabra que oyó, dicha por ti o por alguna otra persona; tal vez logres reconocerla en medio de su galimatías.

Primeras palabras

Algunos bebés podrán articular una o dos palabras cuando se acerque su primer cumpleaños, pero es probable que sólo las entiendan tú y las personas de su entorno, que conocen su rutina. Después, pueden pasar algunas semanas antes de que pronuncien más palabras; esto es muy normal.

Concentración y memoria

Notarás que ya tu hijo puede escuchar hasta el final cuentos muy cortos. Esto se debe en parte a que ahora ya puede entenderte, pero también a que es capaz de concentrarse por períodos más largos.

El desarrollo de la memoria y las experiencias vividas influyen en las acciones y en el comportamiento de tu hijo. Podrás verlo en la forma como a veces rompe su rutina; por ejemplo, cuando sale gateando a toda velocidad si tú quieres alistarlo para el baño o ponerle el abrigo. El hecho de saber lo que va a pasar enseguida le da una gran oportunidad de hacer bromas, ¡a costa tuya!

Cajón de juegos

Juguetes de arrastrar

Si tu bebé es cada vez más activo, tal vez le guste un juguete que ande sobre ruedas y que él pueda arrastrar. Por lo general, tienen forma de animales o trenes.

Juguetes blandos

Pueden convertirse en posesiones muy valiosas. Elige muñecos que tengan caras expresivas y que le llamen la atención.

Canciones infantiles

Escuchar canciones infantiles y mirar los libros que las ilustran no sólo será un placer para tu bebé, sino que le será de gran utilidad para el desarrollo del lenguaje.

Actividades para desarrollar destrezas

Ayúdale a tu bebé a ampliar sus conocimientos, en particular sobre los nombres de los objetos, mediante canciones y libros familiares. Intenta también animarlo a compartir sus juguetes preferidos y a desarrollar la coordinación y el sentido del ritmo mediante juegos con palmoteos.

★ Ya tu bebé podrá mantener las manos abiertas para aplaudir. Si no lo hace, deja que sostenga tus manos mientras tú aplaudes. Ponlo sobre tus rodillas o sobre el piso frente a ti para que pueda observarte y unirse a estos juegos. Las palabras, los gestos y la música simultáneos le ayudarán con sus primeras palabras y le darán la oportunidad de jugar contigo e imitarte.

JUEGOS CON PALMOTEOS
Los juegos de acción son cada vez más divertidos para ambos, pues tu bebé ya sabe cuál será el siguiente paso en una secuencia o canción.

COMPARTIR SUS POSESIONES
Aunque es todavía muy pequeño para aprender a compartir de una forma adecuada, un juego simple como el de toma y dame ayudará a reforzare esta idea.

★ Juega al toma y dame con tu bebé, dándole algo nuevo para que lo mire y pidiéndoselo cuando haya terminado la exploración. Si te lo entrega, felicítalo. Si no, tómalo amablemente, agradécele y felicítalo.

★ Los muñecos le darán montones de oportunidades de jugar durante muchos años. Úsalos ahora para enseñarle rituales sociales: anímalo a que les dé el beso de las buenas noches a sus favoritos, o a que les diga adiós cuando sale de casa.

★ A tu bebé le encantará repetir una y otra vez las canciones que escucha o los libros que lee. Esta repetición le ayudará a aprender sus primeras palabras y a mejorar la memoria.

★ Si tu hijo ya está empezando a caminar, quizás esté listo para jugar con su primera carretilla. Al principio tal vez debas ayudarle, pero después disfrutará empujándola él mismo.

La seguridad ante todo
Asegúrate de que todos los juguetes cumplan con las normas de seguridad vigentes y de que no tengan piezas pequeñas sueltas.

Índice

acetaminofén, 17, 19
afirmación de la voluntad, 49
alergias, 21
alimentación, 20-23
alimentación nocturna, 25
amigos, 7, 57, 62
ansiedad ante los extraños, 8, 45
ansiedad por la separación, 8-9, 27, 42, 45, 58
arrojar objetos, 61
atragantamiento, 21, 23
autonomía para comer, 15, 22-23, 61

balbuceo, 15, 29, 30, 46, 55
bebidas, 21, 23

caminar, 53, 61
capacidad de concentración, 53, 62
cariño hacia ciertos objetos, 26, 57-58
comer con la mano, 15, 22-23, 61
concentración, 53, 62
conciencia de sí mismo, 11, 13, 49

controles del desarrollo, 14-15
conversaciones, 55
coordinación de los dedos, 39, 45, 49, 53
cuidado del bebé, 9

deambulación, 53, 61
dentición, 18-19
desarrollo emocional, 39, 41, 53-55, 57-58, 61-62
desarrollo físico, 39, 41, 45, 49, 53, 57, 61
desarrollo intelectual, 39, 43, 46, 50-51, 55, 58-59, 62
desarrollo social, 8-9, 39, 41, 45, 53-55, 57, 61-62
destete, 23
diarrea, 19
dolor de oído, 19

enfermedad, 17, 19
escaleras, subir, 53
etapas importantes del desarrollo, 39

fiebres, 19
frustración, 50

gateo, 15, 45, 47
gemelos, 12-13
genes, 12
gestos, 29, 46

higiene, 33

infecciones respiratorias, 19
intoxicación por alimentos, 21

juegos, 42-43, 47, 50-51, 54, 58-59, 63
juguetes, 26, 43, 46, 51, 55, 59, 62

lenguaje, desarrollo del, 15, 28-31, 39, 43, 46, 50-51, 55, 58, 62
libros, 31, 55, 59

llanto, 27

manos, dominio de las, 39, 41, 45, 49, 53, 57, 61
masaje, 34-36
masticación, 22
memoria, 62
meriendas, 21

modales, 62

objetos de transición, 26, 57-58
oído, 14, 29

percentiles, 16-17
personalidad, desarrollo de la, 10-13
ponerse de pie, 15, 45, 49
productos lácteos, 21

rasgos de carácter, 10-11
reconocimiento de palabras, 50-51, 55
registros del desarrollo, 14, 16-17
rodar, 15, 45

seguridad, 32-33, 43, 47, 50, 63
sentarse, 15, 41 ,49
siestas, 24-25
sueño, 24-27

temores, 55

vacunas, 17
vasos, 23
vínculo afectivo, 42
visión, 14, 53

Créditos

Fotografía de portada: Jason Homa/Image Bank
Diseño de portada: Nicola Powling
Modelos: Tali con Gil Krikler, Denise con Kymani y Kymarley Woodstock, Helen con Joseph Jack y Leo Stiles, Mulki con Wyse Ali, Janis y Maureen Lopatkin con Mia Lopatkin, Sr. y Sra. Kiyomura con Eri, Michelle con Charlie Terras, Ivor con Ruby Baddiel, Rachel con Zoe Nayani, Maria con Jasmine Leitch
Maquillaje y peinados: Tracy Townsend

Asesores

Warren Hyer MRCP es consultor de pediatría en los hospitales Northwick Park y St. Mark, en Harrow, y profesor honorario del Imperial College of Science, Technology and Medicine
Penny Tassoni es asesora pedagógica, autora e instructora. Dicta conferencias en varios programas de estudio sobre la infancia y ha escrito cinco libros, uno de los cuales es *Planning, Play and the Early Years*

Créditos de las imágenes

Investigador: Cheryl Dubyk-Yates
Bibliotecario: Hayley Smith

El editor agradece a las siguientes personas por su amable autorización para reproducir sus fotografías:
(abreviaciones: a=arriba, ab=abajo, d=derecha, i=izquierda, c=centro)

Bubbles Photo Library: Jennie Woodcock 24abd; **Mother & Baby Picture Library:** Ruth Jenkinson 16abi; **Corbis Stock Market:** Steve Prezant 27ad; **fotografía de portada:** Jason Homa/Image Bank

Todas las demás imágenes © Dorling Kindersley.
Para más información, consulte www.dkimages.com